Syndicat Général des Produits Chimiques
51, Rue du Faubourg St... PARIS VIII...

L'Industrie Chimique
ET LES DROITS DE DOUANES

Étude pour le but : Syndicat Général des Produits Chimiques
sur les Modifications à apporter au régime douanier français

RAPPORT GÉNÉRAL
(PREMIÈRE PARTIE)

INTRODUCTION ET DOCTRINE

par R.-P. DUCHEMIN
Secrétaire du Syndicat

ADOPTÉ DANS LES SÉANCES DES 9 MAI ET 21 NOVEMBRE 1916

PARIS
1916

INTRODUCTION

*« L'industrie de l'avenir, c'est l'industrie scien-
tifique, dans toute l'acception du mot. Malheur
aux nations insouciantes qui resteront au-dessous de la situation nouvelle : elles seront dévo-
rées par leurs rivales. »* — Edmond THÉRY.

Le 2 août 1914, l'Allemagne, en déclarant la guerre à la France, a déchiré le Traité de Francfort, rendu caduc l'article 11 qui régissait nos relations commerciales avec elle et bouleversé la vie économique en Europe. A tous est apparue, plus clairement qu'auparavant, la place que tenait l'industrie chimique allemande dans le monde. Les nations alliées, obligées de créer des fabrications dont elles avaient laissé le monopole aux usines allemandes, ont compris combien elles dépendaient de ces dernières et se demandent si les industries improvisées en plein conflit survivront à la guerre et si à la victoire militaire, répondra demain la victoire sur le terrain économique.

La certitude d'une lutte commerciale et industrielle, succédant à celle des armées, s'impose, et l'heure a paru sonnée au Syndicat Général des Produits Chimiques de dresser le bilan des industries se rattachant à lui et de présenter, en un travail d'ensemble, les mesures douanières qui lui paraissent de nature à aider au développement de la fabrication des produits chimiques. Il a pensé que laisser à chaque industriel, ou à chaque groupement corporatif, le soin de faire connaître, aux pouvoirs publics, les besoins de son industrie révèlerait des oppositions d'intérêt, telles qu'à l'union sacrée succèderait, sans contredit, une lutte d'autant plus âpre et dangereuse qu'elle conduirait à quelques-unes de ces mesures transactionnelles qui, lors de la révision du tarif douanier de 1910, ont été la conséquence de l'ordre dispersé dans lequel ont été présentées au Parlement les revendications de plusieurs industries chimiques et qui n'ont satisfait personne.

1

Aider à concilier ces intérêts opposés, à faire le départ entre ce qui est matière première pour les uns ou produit fabriqué pour les autres, à assurer l'existence normale aussi bien aux fabrications qui existaient dans notre pays avant la guerre qu'à celles que la guerre elle-même a fait naître ; aider, en un mot, à donner aux fabricants français l'espoir de voir leurs efforts conduire notre patrie à plus de puissance et plus de prospérité, c'est le but que s'est fixé notre groupement.

Il ne se dissimule pas qu'une sage politique douanière ne suffit pas, à elle seule, pour obtenir les résultats que nous avons trop souvent admirés chez nos adversaires — et nous le verrons plus loin — mais il estime que la lutte commerciale et industrielle de ces trente dernières années a créé une situation de fait qui conduit les nations à prendre des mesures de protection soigneusement étudiées. Il ne s'agit pas — qu'on nous comprenne bien — de multiplier les droits de douane et d'élever à nos frontières une barrière infranchissable, derrière laquelle notre industrie nationale pourrait, à l'abri de toute concurrence, tomber en léthargie ; loin de là, il s'agit de proportionner les moyens de préservation au développement des différentes industries et de compenser, sous forme de droits, les conditions d'infériorité, momentanées ou non, en raison desquelles certaines fabrications, indispensables à la vie nationale, pourraient être frappées à mort par leurs concurrents étrangers.

L'âge d'or, nul n'en disconvient, ce serait la liberté pleine et entière des échanges, les industries ne se développant que dans la mesure où elles trouveraient, dans les centres où elles s'établissent, les conditions les plus économiques de production ; mais la guerre qui ensanglante notre territoire démontre, hélas ! que ce n'est là qu'un beau rêve et que pour éviter le retour de pareilles catastrophes il n'est qu'une méthode : *le maintien ou la création dans ce pays, en s'aidant d'une protection douanière appropriée, de toutes les industries chimiques indispensables à la vie normale d'une grande nation.*

C'est dans cet esprit qu'a été entreprise l'enquête dont nous avons à présenter aujourd'hui les résultats.

Les différentes industries chimiques ont été divisées en 20 classes et il a été choisi, pour chacune d'elles, un rapporteur chargé d'étudier et de résumer, en un mémoire, leurs revendications.

Les rapports ont été discutés en commission, les thèses opposées conciliées autant que possible et les conclusions que nous présentons aujourd'hui constituent, en quelque sorte, les cahiers de l'industrie chimique au point de vue douanier.

Mais nous ne croirions pas notre tâche remplie si nous ne faisions précéder la présentation des différents rapports d'une étude d'ensemble justifiant notre travail.

Nous nous proposons donc :

1° *De tracer, à grands traits, l'historique de la politique douanière de la France et de montrer l'influence de l'article 11 du Traité de Francfort sur cette politique ;*

2° *D'exposer les raisons qui obligent notre pays à réviser son tarif douanier, en déterminant les lignes directrices de la politique économique allemande ;*

3° *De rechercher dans quelle mesure la modification de son régime douanier permettra à l'industrie française des produits chimiques de soutenir la lutte contre l'industrie allemande ;*

4° *D'étudier les autres mesures à prendre pour redonner à notre industrie la prédominance ou tout au moins la maîtrise de son existence ;*

5° *De procéder au dépouillement des travaux de nos rapporteurs en déterminant les mobiles communs qui les ont conduits à leurs conclusions ;*

6° *De dresser le tableau comparatif des droits anciens et des droits nouveaux demandés.*

Il restera, nous ne nous le dissimulons pas, de nombreux côtés du problème posé que nous n'aurons pu traiter. Nous n'avons pas la prétention, dans les limites d'un rapport — et en admettant même que cela nous eût été possible — de résoudre toutes les questions soulevées par la guerre, mais nous serons heureux si nous avons pu apporter modestement notre pierre à l'édifice que peuvent et que doivent élever les industriels français.

La politique douanière de la France.

C'est à Colbert que l'on doit la première tentative vraiment suivie d'établissement d'un régime douanier, destiné à la fois à protéger l'industrie nationale et à favoriser son expansion.

L'essai fut fragmentaire, limité qu'il était par le remplacement d'une partie seulement des diverses taxes qui existaient entre provinces, et il faut arriver à la Révolution et à la suppression définitive des douanes intérieures, pour trouver une codification de la protection de l'industrie française.

La loi du 5 novembre 1790 abolit les traités à l'intérieur et adopte le principe d'un tarif unique dont les droits ne devaient pas excéder 20 0/0 de la valeur des marchandises, tout en maintenant la prohibition pour quelques produits. Mais cet essai de taxation modérée ne devait pas durer longtemps. Dès le 1er février 1793, date à laquelle la Convention déclarait la guerre à l'Angleterre, notre législation douanière fut dominée par la concurrence économique entre la France et l'Angleterre. Lutte intense, ininterrompue, qui conduisit non seulement à une protection exagérée, mais même à la prohibition, et dont l'instant le plus critique fut marqué, sous le Premier Empire, par le blocus continental.

La Restauration et la Monarchie de Juillet n'apportèrent aucune modification importante à nos tarifs et aux prohibitions qui s'y rencontraient.

Avec le Second Empire, la situation se modifie radicalement. Le Gouvernement entre secrètement en négociation avec l'Etat anglais et, le 12 octobre 1860, une convention est signée établissant un tarif dont le taux maximum, fixé de 20 à 30 0/0 de la valeur des produits, ne dépassait pas, en réalité, 15 0/0 en moyenne (1), et levant les prohibitions très nombreuses que contenait notre tarif. C'était le régime des traités de commerce qui commençait, et le traité avec l'Angleterre fut bientôt suivi d'autres conclus avec la Belgique (1861), le Zollverein (1862), l'Italie (1863), etc.

La base de tous ces traités était la suppression de toute taxe prohibitrice, la réduction des droits sur les produits manufacturés et l'insti-

(1) Ch. Augier, *La France et les traités de commerce*, p. 21. Paris, Chevalier et Rivière.

tution de la franchise pour les matières premières et pour les produits de l'agriculture (1).

L'Angleterre avait entraîné la France dans son sillage de libre concurrence et la guerre de 1870-1871 ne devait pas faciliter, par la suite, à notre pays l'établissement des taxes destinées, soit à fournir au Trésor de nouvelles ressources, soit à protéger certaines de nos industries. C'est alors, en effet, qu'apparaît le fameux article 11 du Traité de Francfort, que nous reproduirons plus loin, et qui donnait à l'Allemagne le traitement de la nation la plus favorisée. Soit que notre défaite ait incité les nations avec lesquelles nous avions des conventions à abuser de notre faiblesse momentanée, soit que l'Allemagne ait fait pression sur elles, la plupart d'entre elles repoussèrent les élévations de droits que nous leur demandions et l'État français, ne pouvant pas obtenir le renouvellement des traités de commerce, dut se contenter de leur accorder le traitement de la nation la plus favorisée.

L'effet de cette obstruction de l'étranger fut que notre pays n'eut plus la maîtrise complète de ses tarifs.

Les premières années, les conséquences de cette situation de fait semblèrent échapper aux intéressés. Le montant de nos importations et de nos exportations, qui s'élevait à 3.907.000.000 francs en 1859, avait atteint en 1874 à 7.625.000.000 francs et l'on était tenté d'attribuer cette augmentation de nos échanges au régime de liberté institué par le tarif de 1860.

Petit à petit cependant, les négociants, les industriels et surtout le monde agricole entreprirent une campagne pour obtenir le renforcement des droits et pour donner au Gouvernement une monnaie d'échange lui permettant de négocier de nouveaux traités de commerce. Les nations étrangères entraient du reste dans cette voie et après l'Espagne et la Russie (1877), l'Italie, l'Autriche-Hongrie (1878), la Suisse (1879), l'Allemagne adoptait, en 1879, un tarif douanier à tendances nettement protectionnistes.

Ajoutez à cela que l'application du tarif *ad valorem* avait donné naissance à une fraude caractérisée. Elle consistait, pour l'importateur étranger, à établir deux factures, l'une correspondant à la valeur réelle de la marchandise et par conséquent à la somme à payer par l'acheteur, l'autre établie sur des prix très inférieurs et destinée à

(1) Ch. Augier et A. Marvaud, *La politique douanière de la France*, p. 5. Paris, Félix Alcan.

être soumise à la douane et à servir à la détermination du droit d'entrée à payer.

Le résultat de cette situation fut le vote du tarif de 1881. Il remplaça les droits *ad valorem* par des droits spécifiques, c'est-à-dire au poids, et releva de 24 0/0 les droits sur la plupart des produits, permettant ainsi de contracter de nouveaux traités de commerce par l'abandon de tout ou partie de ces 24 0/0 aux nations qui nous accordaient des avantages corrélatifs. Comme le nouveau tarif ne comportait aucune protection en faveur des produits agricoles, c'était en réalité, à peu de chose près, le maintien de la politique douanière de 1860.

L'article 11 du Traité de Francfort. — C'est à cette époque qu'apparut nettement l'influence fâcheuse de l'article 11 du Traité de Francfort, sur notre politique douanière.

Il stipulait, nous l'avons vu plus haut, que l'Allemagne et la France s'accordaient mutuellement le traitement de la nation la plus favorisée. Voici, du reste, sa rédaction complète :

« Les traités de commerce avec les différents États de l'Allemagne
« ayant été annulés par la guerre, le Gouvernement français et le
« Gouvernement allemand prendront pour base de leurs relations
« commerciales le régime du traitement réciproque sur le pied de la
« nation la plus favorisée.

« Sont compris dans cette règle les droits d'entrée et de sortie, le
« transit et les formalités douanières, l'admission et le traitement des
« sujets des deux nations, ainsi que de leurs agents.

« Toutefois, seront exceptées de la règle susdite les faveurs qu'une
« des parties contractantes a accordées ou accordera à des États autres
« que ceux qui suivent : l'Angleterre, la Belgique, les Pays-Bas, la
« Suisse, l'Autriche, la Russie. »

A l'époque de la signature, cet article ne paraissait pas dangereux pour notre pays. L'industrie allemande n'avait pas encore pris le développement qui devait apparaître dix ans plus tard et l'Allemagne semblait acquise au régime de la libre concurrence.

Malheureusement, comme nous l'avons dit précédemment, l'état d'infériorité politique dans lequel nous avait placés la défaite ne nous permit pas de renouveler tous nos traités de commerce et nous fûmes successivement amenés à accorder le traitement de la nation la plus favorisée à l'Autriche-Hongrie et à l'Angleterre. On se trouvait donc dans cette situation absolument fausse, que tout avantage accordé à la Belgique ou à la Suisse, par exemple, dans le but d'obtenir des détaxes à l'entrée dans ces pays de certains produits français, avait pour conséquence de donner ces mêmes avantages à l'Allemagne, l'Angleterre ou l'Autriche — et cela sans aucune contre-partie pour notre industrie.

Ajoutez à ce régime bâtard que le jour où l'Allemagne — en 1879 — adopta son premier tarif à tendances protectionnistes, l'article 11 du Traité de Francfort devint en quelque sorte unilatéral et n'eut plus pour nous de caractère de réciprocité.

En un mot, la France amoindrie se trouvait condamnée soit à renoncer à obtenir des avantages des autres nations, soit à les accorder en même temps à l'Allemagne, sans en retirer aucune contre-partie, puisque l'industrie allemande, alors en pleine période du développement dont nous constatons aujourd'hui les effets, obtenait de son Gouvernement des protections chaque jour plus complètes.

Les tarifs de 1892. — Mais ce n'est pas seulement cette situation qui conduisit le Parlement français à la grande réforme de 1892, c'est-à-dire à l'entrée de notre pays dans la voie de la protection.

C'est aussi et surtout la défense des intérêts de l'agriculture menacée par les importations, chaque année croissantes, de céréales ou de bestiaux du Nouveau-Monde.

Dès 1885 et 1887, M. Méline, ministre de l'agriculture, obtenait un relèvement des droits sur ces deux catégories de produits et l'approbation que rencontraient, dans le public, ces mesures, amena le Gouvernement à entreprendre, en 1890, une enquête auprès des divers groupements commerciaux, industriels ou agricoles.

Le résultat de cette consultation fut un projet de tarif, déposé sur le bureau du Parlement par le Gouvernement le 13 octobre 1890 et qui fut rapporté par M. Méline. Ce tarif se différenciait des précédents par l'établissement d'un double tableau, c'est-à-dire d'un tarif maximum portant le nom de tarif général et d'un tarif minimum. Ce tarif minimum devait servir de monnaie d'échange et n'être accordé qu'aux « marchandises originaires des pays qui feraient bénéficier les mar- « chandises françaises d'avantages corrélatifs et qui leur appliqueraient « leurs tarifs les plus réduits ».

Après une lutte très vive que se livrèrent, au Parlement, partisans et adversaires du libre échange, le projet du Gouvernement fut voté et mis en application le 1ᵉʳ février 1892. Il comportait la franchise pour une partie importante des matières premières nécessaires à l'industrie, l'établissement de droits nettement protecteurs pour un grand nombre de produits fabriqués et la fixation des produits devant bénéficier de l'admission temporaire.

Les traités de commerce à longue échéance, avec tarifs annexés, avaient vécu et ils furent dorénavant remplacés par des conventions révocables annuellement et comportant l'octroi, aux nations avec lesquelles elles étaient conclues, du tarif minimum.

De plein droit, l'Angleterre, l'Allemagne, l'Autriche-Hongrie et la Russie bénéficièrent de ce tarif minimum et bientôt, et malgré une sérieuse opposition, la plupart des pays européens et extra-européens signèrent des conventions analogues avec notre pays. Seuls, les États-Unis, dont on connaît le régime quasi-prohibitif, et le Canada n'obtinrent le bénéfice du tarif minimum que sur certains produits, en contre-partie de certaines exemptions ou réductions.

Que la réforme de 1892 ait été favorable à l'agriculture de notre pays, qu'elle lui ait permis de développer la culture du blé, de constituer un cheptel et un vignoble qui le rendissent presque indépendant, c'est ce que personne ne songe à nier, mais au point de vue industriel ses conséquences sont moins nettes et ont donné lieu à de fougueuses polémiques.

Les uns, envisageant surtout notre commerce intérieur, ont vu dans le nouveau régime un élément de développement incontestable de notre industrie ; les autres, se plaçant au point de vue du commerce extérieur, n'ont pas eu de peine à démontrer que si, au point de vue relatif, le chiffre de nos exportations s'est élevé, il s'est cependant accru moins vite que celui de nos principaux concurrents et que nous sommes passés du deuxième rang, que nous occupions en 1891, au cinquième rang (1).

Une fois de plus, les partisans et les adversaires de la liberté commerciale ont retiré des statistiques les éléments favorables à leur thèse, mais un fait reste certain, c'est que la réforme de 1892 a redonné à notre pays, suivant l'expression de M. Méline, « la maîtrise de ses tarifs ».

Avant 1892, l'article 11 du Traité de Francfort nous mettait à la merci de l'Allemagne, entrée résolument dans la voie de la protection ; après l'établissement du double tableau, il nous était loisible de fixer

(1) J. Thierry.

notre tarif minimum aux chiffres indispensables à la défense de notre industrie, puisque les conventions conclues sur les bases de ce tarif étaient révocables d'année en année, et que nous devions en outre bénéficier des concessions que l'Allemagne allait accorder aux pays avec lesquels elle négociait des traités de commerce (1).

En un mot, la charge de l'article 11 du Traité de Francfort était renversée. Malheureusement, ce ne fut pas pour longtemps, car l'État allemand, poussé par le mouvement pangermaniste, obligé de chercher à l'étranger, par les moyens que nous étudierons plus loin, des débouchés nouveaux à sa production chaque année croissante, était amené à élever les chiffres de son tarif général, et à le spécialiser de plus en plus (tarif de 1906).

De ce fait, de nombreux produits français furent écartés du marché allemand et l'Allemagne put, grâce à ses spécialisations, accorder à d'autres nations étrangères des avantages sans en faire bénéficier nos produits comme l'aurait exigé l'article 11 du Traité de Francfort. La clause de la nation la plus favorisée ne jouait plus en notre faveur.

Successivement, les grandes nations d'Europe suivirent l'exemple de l'Allemagne, et les conséquences heureuses du tarif de 1892 furent annihilées.

C'est ainsi que nos diplomates furent mal placés dans de nombreuses négociations avec des pays tels que la Suisse, la Russie et l'Espagne, par exemple. Les spécialisations succédaient aux spécialisations dans les tarifs étrangers, et nos industriels voyaient successivement se fermer des marchés où ils avaient coutume d'écouler une partie de leur production ; les fabricants étrangers, au contraire, puissamment protégés, accroissaient régulièrement leurs importations en France et une fois de plus allait être démontrée cette loi que « la protection appelle la protection ».

Les tarifs de 1910. — Une enquête très approfondie fut entreprise par la Commission des douanes de la Chambre des députés, présidée par M. Klotz, tandis qu'à la Commission du Sénat, M. Viger dépouillait les documents successivement réunis au Palais-Bourbon.

Si des opinions opposées se manifestèrent quant aux principes mêmes de notre politique douanière, l'unanimité se fit sur la nécessité de renforcer les barrières protégeant notre industrie, et M. Morel, rapporteur général, déposa le 11 juillet 1908 son rapport concluant, d'une part,

(1) Ch. Augier et A. Marvaud, *loc. cit.*, p. 150.

à certains relèvements de taxes, d'autre part à l'accroissement de l'écart existant entre le tarif minimum et le tarif maximum.

Le but de cette dernière mesure était de donner une monnaie d'échange à nos négociateurs. La réforme de 1892, en effet, avait conduit à des conventions avec les principales nations étrangères, si bien que notre tarif général ne recevait guère d'application. Dans l'éventualité d'une lutte de tarif, la presse étrangère déniant à notre pays le droit d'apporter une modification sérieuse de son tarif, il était indispensable de faire craindre à nos concurrents l'application d'un tarif maximum élevé.

Le 29 mars 1910, le nouveau tarif fut voté. Il conduisait à quelques spécialisations, relevait les droits sur certains produits manufacturés et augmentait de 50 0/0 le tarif maximum sur toutes les matières ayant reçu une modification au tarif minimum. C'était, dans l'ensemble et pour le tarif minimum, une réforme modérée et qui s'était trouvée limitée par le fait qu'il avait été impossible de modifier les droits de certains articles incorporés dans la convention franco-suisse conclue en 1906.

Notons, en passant, en ce qui concerne les produits de notre industrie, qu'il s'était révélé, de la part des intéressés, un manque d'esprit d'initiative ou d'union. Il ne fut pas présenté d'étude d'ensemble et, malgré les efforts du rapporteur de la section des produits chimiques, M. Fleurent, on vit réduire à 1 fr. 50 par 100 kilos, au tarif minimum, le droit sur les sulfates de cuivre qui était antérieurement de 3 francs. C'était une concession à la viticulture, obtenue en fin de discussion, et qui montre à quel point, dans un pareil domaine, il ne saurait être pris trop de précautions contre les surprises de la tribune du Parlement.

Mais en dehors de la modification des tarifs, la nouvelle loi douanière comportait une innovation d'une réelle importance. Elle prévoyait la faculté, pour le Gouvernement, d'établir, par décret, un droit compensateur sur les produits importés, lorsque ces derniers bénéficient, dans les pays d'origine, d'une prime directe ou indirecte à l'exportation.

C'était donner à l'État une arme sérieuse contre la pratique du dumping consistant, pour un trust ou un cartel, à vendre à prix élevé dans les pays de production et à écouler à bas prix, à l'étranger, l'excédent d'une fabrication portée au maximum. Il faut cependant reconnaître que cette mesure fut inopérante, les industriels de notre pays se trouvant dans l'impossibilité de faire la preuve certaine des manœuvres à l'aide desquelles leurs concurrents étrangers tendaient à rendre les droits de notre tarif inefficaces. Au surplus, quel Gouvernement aurait osé appliquer à l'Allemagne des droits compensateurs qui auraient pu conduire à un conflit armé ?

Aujourd'hui, l'emprise allemande est brisée, et nous pouvons, grâce à l'héroïsme de nos soldats, étudier sans trembler les méthodes de nos ennemis et tirer de cette étude les raisons qui militent en faveur d'un remaniement profond de notre politique douanière.

*
* *

La politique économique allemande.

Lorsqu'on étudie la question douanière, en se plaçant au point de vue de l'industrie chimique, on est immédiatement conduit à cette constatation que, dans notre pays plus que dans tout autre, cette branche de l'activité humaine s'est trouvée, sinon dans la dépendance de la production allemande, du moins, dans de nombreux cas, sous son influence directe. Cette influence, nous l'avons dit en commençant, s'est particulièrement révélée depuis le début de la guerre, lorsqu'on a constaté l'obligation de créer de multiples fabrications qui, jusqu'à ce jour, avaient été le monopole de nos adversaires. Elle ne s'est pas, en effet, manifestée d'une façon brutale ou subite : elle a été, au contraire, lente et progressive, et se rattache intimement aux méthodes allemandes de travail.

Il n'est pas de domaine plus que dans celui de la production des produits chimiques, où le rôle de la persévérance dans l'effort, de l'organisation méthodique, qualités indiscutables des Allemands, ne soit primordial. Nous en trouverons la preuve en esquissant, à grands traits, les méthodes allemandes de travail et la politique économique de l'Allemagne.

*
* *

Les méthodes de travail. — Toute fabrication de produits chimiques devrait, le bon sens l'indique, être confiée à des techniciens appropriés, ou tout au moins mise sous leur contrôle. Cependant, nous n'oserions pas affirmer qu'il n'existe pas dans notre pays d'usines dont les dirigeants compensent des connaissances chimiques insuffisantes par la routine ou la tradition. Le proverbe « Là où les pères ont passé, les fils passeront bien » est peut-être un de ceux qui ont le plus contribué à maintenir dans un état de stagnation certaines branches de l'industrie chimique française. Il faut reconnaître, à la décharge de ceux qui sont aujourd'hui les victimes de cet état de choses, qu'il y a moins d'une génération, le titre de chimiste industriel était considéré comme notoirement inférieur à tout autre. La science pure attirait dans les laboratoires de facultés de nombreux et brillants sujets, mais le désintéressement des recherches était un dogme et la tour d'ivoire, où se complaisaient les savants, n'avait guère de vue sur la vie économique du pays. Les industriels, de leur côté, se contentant des rendements plus ou moins brillants de leurs établissements, et soucieux de réduire leurs frais généraux, accordaient des traitements de famine à leurs chimistes et ne pouvaient pas, en conséquence, compter sur un recrutement particulièrement élevé au point de vue des capacités. Loin de nous, cependant, la pensée de nier qu'il y ait eu des exceptions, et de brillantes exceptions, à cette règle, mais ce qui était exception dans notre pays était règle générale chez nos voisins de l'Est.

Professeurs ou chargés de cours dirigeaient leurs recherches vers l'application industrielle et, l'esprit de spécialisation propre aux cerveaux allemands aidant, on voyait bien vite se constituer ce triple élément de travail :

> le chimiste de recherche ;
> le chimiste de fabrication ;
> le chimiste analyste.

Une recherche de chimie pure paraissait-elle conduire à une fabrication, immédiatement le résultat acquis était étudié en vue de son application à l'industrie, et il se trouvait toujours un industriel allemand, soucieux d'améliorer et de rajeunir ses méthodes de travail ou de réduire ses prix de revient, pour installer le matériel nécessaire à la mise en œuvre de la nouvelle méthode ?

Les résultats ainsi acquis conduisirent bien vite à la création de ces vastes laboratoires d'État ou de ville, puis à ces laboratoires d'usine, munis de tous les perfectionnements de la technique et où travaillent une pléiade de chimistes, dirigés par les noms les plus célèbres que compte la chimie allemande.

Que ce soit à la *Badische Anilin-und Soda-Fabrik*, aux *Farbenfabriken vorm. Bayer u. Co*, à l'*Actien-Gesellschaft für Anilin Fabrikation*, etc., on retrouve partout la même organisation :

A la tête, des directeurs, techniques ou commerciaux, spécialement préparés par leurs études et leurs travaux aux postes qu'ils doivent remplir et aux services qu'ils doivent diriger.

Immédiatement après, les chimistes de recherches, créateurs de corps nouveaux et qui, soit par eux-mêmes, soit par leurs assistants, réalisent industriellement, dans les usines d'essai annexées à leurs laboratoires, la mise au point de leurs découvertes.

Puis viennent les chimistes de fabrication, responsables de la production de leurs services, assistés qu'ils sont des chimistes analystes. Si l'on ajoute à cet état-major les ingénieurs, mécaniciens ou électriciens, ayant sous leurs ordres une véritable armée de contremaîtres, on a une faible idée des cadres, alimentés par mille écoles spéciales (Universités, Polytechnicum et Technicum) (1), qui font de l'industrie chimique allemande un puissant organisme de lutte.

Certes, nos savants ne se sont jamais laissé distancer par les chimistes étrangers et ils ont montré que la faculté créatrice fait partie du patrimoine de notre race, mais les réalisations pratiques, conduites avec une méthode rigoureuse, sont le secret du succès de nos adversaires.

Quand on compare les crédits énormes, nécessités par une pareille organisation, à la misère de nos laboratoires officiels ou privés, et dont sont cependant sorties tant de découvertes géniales, on est en droit de se demander à quels résultats n'aurait pas pu prétendre notre industrie chimique si elle avait pu mettre en œuvre de semblables moyens.

Elle ne l'a pas su, parce qu'elle n'a pas voulu réaliser l'union si souvent vantée, depuis tant d'années, du laboratoire et de l'usine, devenir réellement scientifique, se contraindre à la concentration industrielle; abandonner, en un mot, le type de l'affaire de famille, ou même de la Société anonyme à faibles capitaux, pour la grande Société.

Et ce qui le prouve, ce sont les exceptions auxquelles nous faisons allusion plus haut, exceptions qui ont sauvé l'honneur de l'industrie chimique française et dont le rôle, depuis la guerre, s'est singulièrement affirmé.

L'organisation du travail que nous venons d'exposer ne pouvait être réalisée qu'à l'aide de capitaux considérables et seules des Sociétés très puissantes étaient en mesure de supporter de pareils frais d'étu-

(1) A. Haller, *Les industries chimiques et pharmaceutiques*. Paris, 1903.

des et d'attendre les moissons futures. De là, la concentration de l'industrie et le développement des unions qui bientôt allaient donner naissance aux cartels.

On peut dire que c'est du jour où les Allemands ont étudié sur place les méthodes de travail mises en œuvre aux États-Unis qu'est née la puissance d'expansion de l'industrie allemande et que la politique des trusts américains a été le modèle que nos adversaires ont adapté aux nécessités de leur vie économique.

Les cartels. — Amenés, par leur conception même de l'industrie, à des productions importantes, ils ont bien vite souffert d'une crise de surproduction, entraînant avec elle un avilissement des prix de vente. C'était, à brève échéance, une menace de ruine, car toute diminution de fabrication, destinée à enrayer la baisse, aurait eu pour conséquence une réduction nécessaire des frais généraux, c'est-à-dire des moyens de développement auxquels ils tenaient le plus : laboratoires de recherches, etc.

L'absorption des affaires similaires par le groupement le plus puissant, tel que le réalise le trust américain, aurait constitué une solution à la crise, en permettant la réduction de la fabrication à une limite correspondant à la consommation et, par conséquent, une hausse des prix, mais elle se heurtait à des difficultés de toute nature qui lui firent préférer le groupement fédératif, syndical, c'est-à-dire le cartel (1).

Le cartel laisse à chacun une part déterminée de son autonomie, mais réglemente la production, en la limitant aux besoins ; il fixe en même temps les prix de vente, soit que l'écoulement des produits soit confié à un bureau de vente unique, soit que chaque membre du Syndicat conserve sa liberté de vendre à la condition de s'engager à ne pas écouler de marchandise au-dessous d'un prix minimum, fixé par le Comité de direction du groupement.

Toute infraction aux décisions prises entraîne des pénalités des plus sévères : amendes, réduction des quantités à mettre à la vente pendant un temps déterminé, etc.

Les cartels allemands furent, tout d'abord, établis comme un remède à une crise de surproduction. Ils devaient perdre ce caractère le jour où (l'appétit vient en mangeant) les directeurs de Syndicats, désireux de mettre les prix minima à l'abri de la concurrence étrangère, entre-

(1) HAUSER, *Les méthodes allemandes d'expansion économique*, p. 104 (Paris, Armand Collin).

prirent l'obtention d'une protection douanière. Ce résultat une fois réalisé par l'adoption du tarif douanier de juillet 1879, on vit l'industrie allemande, maîtresse de son marché intérieur, chercher à l'exportation de nouveaux débouchés à sa production et tendre à répartir ses frais généraux élevés sur une fabrication sans cesse croissante et à augmenter ainsi le chiffre de ses bénéfices.

Cette conception, d'ailleurs rigoureusement logique, devait conduire les cartels à une politique d'exportation que vint encore encourager le mouvement pangermaniste. La conquête des marchés étrangers ne pouvait pas être réalisée sans lutte et, pour refouler dans chaque pays la production indigène, les cartels allemands durent adopter la méthode du « dumping ».

Elle consiste, dans la mesure où l'on est protégé par une barrière douanière, à établir un prix élevé sur le marché intérieur et à vendre à prix réduit à l'exportation.

De ce moyen qui, jusqu'alors, n'avait été — sauf aux États-Unis — employé que dans les périodes de crise, les cartels allemands ont fait un système. Il leur servit, non seulement à écouler les stocks résultant d'une surproduction momentanée, mais à réduire à merci, petit à petit, leurs concurrents étrangers. S'agissait-il d'empêcher dans notre pays la création d'une nouvelle industrie ? On voyait immédiatement les cours s'abaisser jusqu'à atteindre ou descendre au-dessous du prix de revient.

Un exemple récent nous en fournira la preuve. Lorsque la fabrication de l'acide formique fut créée en Allemagne, la région de Lille et de Roubaix devint un très important consommateur de ce produit pour la teinture de la laine et les prix s'établirent aux environs de 120 francs les 100 kilos. Une usine française ayant entrepris la même fabrication, on vit très rapidement le produit offert à 100 francs, puis à 90 francs, et tomber, brusquement, à 60 francs les 100 kilos le jour où l'acide formique français apparut sur le marché.

S'agissait-il de faire disparaître un concurrent ou de l'amener, par une entente, à une réduction de production pour permettre au produit allemand de prendre en partie sa place ? La méthode était la même. Et la fabrication du permanganate de potasse, de l'acide tartrique, des matières colorantes ou des produits pharmaceutiques nous en fournirait de nombreux exemples.

La période de lutte achevée, soit par la défaite complète de l'adversaire, soit par la conclusion d'une entente, on voyait les prix remonter et là cartel allemand récupérer et au delà les pertes momentanées consenties. Ce système fut parfois poussé tellement loin que des produits sortis d'Allemagne purent, malgré les droits de douanes, être réimportés en Allemagne par des acheteurs belges ou français.

Mais ce ne furent là qu'exceptions, car, dans la majorité des cas, les Comités directeurs des Syndicats surent, par des enquêtes serrées et parfois un espionnage industriel, établir leurs prix d'exportation d'après les prix de revient des concurrents à vaincre et d'après les cours qui, grâce aux protections douanières, pouvaient être obtenus en Allemagne.

La politique d'exportation des cartels fut singulièrement favorisée, d'une part par l'organisation bancaire en Allemagne, d'autre part par l'État allemand lui-même.

La Banque. — Aux prix réduits, en effet, les industriels allemands, désireux de conquérir un marché, ajoutaient les crédits à longs termes, crédits qui, pour les pays de Sud-Amérique, atteignaient parfois deux années. Ils l'ont pu grâce à leurs banques qui ne leur ont jamais refusé l'escompte de papier à long terme qu'elles réescomptaient, facilement, par leurs nombreuses succursales ou filiales étrangères, constituant autant de centres de renseignements sur la solvabilité des tirés.

A cet organisme, les négociants français ne pouvaient opposer que des crédits de 90 jours ou se trouvaient dans l'obligation d'immobiliser des capitaux si importants que le développement de leurs affaires s'en trouvait ralenti d'autant.

Les banques allemandes se sont faites aussi les participants et les commanditaires des industriels en leur consentant des crédits en blanc ou par traites, et en les soutenant dans les périodes de crise. La contre-partie de cet appui se trouvait dans un contrôle constant auquel se sont pliés les négociants d'Outre-Rhin, mais qui, il faut le reconnaître, n'aurait pas été supporté aussi facilement dans notre pays.

La protection de l'Etat. — L'État allemand qui, dès 1879, a lui-même appliqué la politique des cartels (1) en provoquant, entre les mines fiscales de Stassfurt et d'Anhalt, une entente qui constitue le Syndicat des potasses (Kalisyndikat), devait rapidement tirer parti

(1) Hauser, *loc. cit.*, p. 180,

des groupements industriels pour en faire un des rouages importants
de l'expansion de la puissance allemande.

Puissamment hiérarchisé, il devait d'autant mieux approuver la
discipline stricte et les méthodes des groupements syndicaux qu'il
apparaît comme le premier des industriels allemands. Il était industriel, aussi bien par le monopole des chemins de fer que par l'exploitation de mines de houille et de potasse, et, grâce à son double rôle de
producteur et de consommateur, il fut, mieux que tout autre, en
mesure d'influer sur la vie économique du pays. C'est ainsi que, par
la répartition de ses commandes, tant en matériel de chemin de fer
qu'en matériel de guerre, il a pu, aux heures de crise, assurer du travail à son industrie nationale (1) et en atténuer d'autant les conséquences.

Il était donc particulièrement préparé au rôle qu'il a rempli en
apportant un appui constant à la politique d'exportation des cartels,
à la fois par l'établissement d'un régime douanier favorable au dumping, par la création de tarifs de transports et d'exportation réduits
et par l'allocation, à l'industrie, de primes directes et indirectes.

Le régime douanier allemand. — C'est en 1879, comme nous
l'avons dit plus haut, que l'Etat allemand, sous la poussée des agra-
riens et des cartels, est entré dans la voie de la protection douanière.
A partir de cette date, l'article 11 du Traité de Francfort se retournait
contre nous et allait aider nos ennemis à dominer progressivement
notre industrie en leur permettant, à l'abri de barrières douanières
soigneusement établies, de pratiquer la politique du dumping.

Que de fois, en cherchant à nous défendre par un relèvement
de taxes, nous en fûmes empêchés par l'obligation où nous nous se-
rions trouvés d'appliquer ce relèvement à telle autre nation que nous
avions intérêt à ménager.

La réforme de 1892 nous redonna, pour quelque temps, nous l'avons
vu, la maîtrise de nos tarifs, mais bientôt l'Allemagne nous opposa
le système des spécialisations qui trouva son expression dans son dernier tarif, appliqué en 1906, mais voté dès le 25 décembre 1902.

Les spécialisations consistent à établir, pour les produits bénéficiant
du tarif conventionnel, des définitions si strictes qu'elles écartent —
a priori — les marchandises de certaines provenances. On n'a jamais
donné de plus frappant exemple de ces spécialisations que celui du

(1) Hauser, *loc. cit.*, p. 177.

2

bétail bovin qui, pour entrer en Allemagne au bénéfice du tarif réduit, doit être élevé à une altitude moyenne de 300 mètres au-dessus du niveau de la mer, faire tous les ans une saison d'estivages à 800 mètres et avoir les extrémités brunes (1). Cette restriction, introduite dans le traité avec la Suisse, écartait du marché allemand le bétail français qui cependant — aux termes de la clause de la nation la plus favorisée — aurait dû, comme les produits de l'élevage helvétique, bénéficier du tarif conventionnel.

Citons, au point de vue chimique, les conditions appliquées aux extraits tannants. Ils sont maintenant imposés suivant leur densité calculée d'après le degré Baumé. Cette spécification oblige les fabricants français à expédier des extraits réglés à une densité inférieure à la normale et exposés, par cela même, à des accidents physiques de décomposition, ce qui les met en infériorité vis-à-vis des producteurs allemands et a réduit, dans une large mesure, les importations des marques françaises en Allemagne.

La douane allemande a établi, en outre, des droits sur les extraits de sumac qui, avant 1905, entraient en franchise. Cette franchise n'est plus accordée qu'aux extraits de *pur* sumac, ce qui empêche nos fabricants de concourir avec leurs concurrents allemands. Ces derniers, en effet, livrent des extraits de sumac mélangés de produits similaires bon marché et dont l'application convient parfaitement à l'emploi qu'en font les consommateurs allemands.

A ces spécifications sont venues s'ajouter des méthodes vexatoires d'analyse imposées à différents produits, ainsi qu'une application très large de l'admission temporaire. Certaines usines sont ainsi devenues de véritables zones franches où les matières, destinées à être traitées en vue de l'exportation, sont mises en œuvre en complète franchise de droits. Grâce à ces mesures, la protection douanière a constitué, entre les mains de l'Etat allemand, une arme puissante mise à la disposition de son industrie. Il l'a, du reste, renforcée encore par un autre organisme offensif et défensif très perfectionné : les transports.

Les transports. — Les chemins de fer sont, en Allemagne, monopole d'Etat et la politique du gouvernement du Kaiser a consisté à les utiliser comme moyen de lutte économique. Le gouvernement allemand a établi des tarifs spéciaux permettant à la fois de défendre toute indus-

(1) Augier et Marvaud, *loc. cit.*, p. 91.

trie menacée par l'importation étrangère et de favoriser l'exportation de marchandises allemandes. S'agit-il, sans toucher aux droits des douane, de prohiber un produit français ? Les chemins de fer allemands superposent aux tarifs douaniers un tarif de transport suffisamment élevé pour redonner la maîtrise de son marché à l'usine allemande menacée. S'agit-il, au contraire, de contrebalancer les droits protecteurs appliqués dans tel ou tel pays étranger aux produits de l'empire ? Un tarif d'exportation, particulièrement réduit, vient compléter le jeu du dumping pratiqué par les cartels.

On trouve, à ce sujet, dans le livre de M. Hauser sur les méthodes allemandes d'expansion économique, des chiffres éloquents. Les tarifs spéciaux des ports de Hambourg et Brême à la Wesphalie — ou vice versa — s'établissaient, avant la guerre, sur la base de 2 pf. 6 la tonne kilométrique, alors que le tarif normal était de 5 pf. 11. Pour de nombreux produits les producteurs allemands bénéficiaient, à l'exportation, de dégrèvements s'élevant à 30 ou 35 0/0 du tarif normal et atteignant parfois le remboursement intégral du transport en territoire allemand.

Cette application de tarifs spéciaux aux nationaux allemands se complétait par des conventions internationales, telle que la convention du Gothard, qui a permis la main-mise de l'industrie allemande sur le Nord de l'Italie.

Les tarifs de transit apportaient, eux aussi, leur appui à l'industrie allemande en créant des entraves au passage — sur le territoire germanique — des marchandises qui pouvaient faire concurrence aux marques allemandes tant en Russie et en Autriche que dans les pays balkaniques.

Quant aux canaux qui sillonnent l'Allemagne et aux lignes de navigation, ils ont été, eux aussi, de merveilleux organes d'expansion en favorisant la création de ports intérieurs, dotés de tous les perfectionnements mécaniques de chargement et de déchargement. A leur influence est encore venue se superposer celle de tarifs joints de fer et de mer.

La plupart de ces tarifs joints ont été créés pour détourner, au profit des lignes de navigation allemandes, les transports à destination des pays d'outre-mer et leur faciliter ainsi, par un afflux croissant de marchandises à transporter, la réduction des taux du fret et la prépondérance sur leurs concurrents étrangers.

Ce sont encore les chemins de fer allemands qui ont permis la réalisation de ce programme. Ils ont consenti, sur leurs tarifs, des réductions pouvant atteindre plus de 50 0/0 aux marchandises destinées à naviguer sous pavillon de l'empire. Quant aux résultats, nous les connaissons tous : ce fut l'emprise progressive des marchandises allemandes sur tous les marchés et ce fut aussi, hélas ! les produits français empruntant, de plus en plus, les lignes de navigation allemandes.

Il ne pouvait, du reste, en être autrement quand on constate l'habileté avec laquelle nos ennemis, arrivés les derniers à la vie industrielle, ont su profiter des expériences acquises et échapper ainsi à l'art néfaste de l'accommodement des restes.

Qu'il s'agisse de ports, de canaux ou d'écluses, ils ont fait neuf et grand, tandis que nous étions confinés dans la nécessité d'adapter des moyens anciens à des besoins nouveaux et sans cesse croissants.

D'un autre côté, s'ils n'ont pas eu de primes directes à la marine marchande comparables aux nôtres, ils ont connu des primes indirectes plus opérantes encore : d'une part, les tarifs soudés dont nous venons de parler et qui leur ont assuré un fret abondant et régulier à la fois de marchandises allemandes et étrangères ; d'autre part, le transport des émigrants dont le Gouvernement allemand a su faire un véritable monopole en faveur de ses grandes Compagnies de navigation. Lorsque l'émigration allemande proprement dite a diminué, par suite des besoins de main-d'œuvre industrielle et agricole en Allemagne, l'Etat a su diriger, sur ses grands ports, les émigrants de la Pologne Russe, de la Galicie et des Balkans [1] et procurer ainsi un revenu assuré à la Hambourg Amerika Linie ou à la Norddeutscher Lloyd.

En moyenne, le chiffre annuel des émigrants oscille entre 300.000 et 400.000, ce qui, à 100 francs de bénéfice par tête, représente un revenu de 30 à 40.000.000 de francs, c'est-à-dire plus de 10 0/0 du capital de 300 millions imparti dans les deux Compagnies précitées.

M. Hennebicq [2] en donne la preuve en montrant que la crise américaine de 1907, qui réduisit momentanément le nombre des émigrants à moins de 57.000, fit tomber les dividendes des Compagnies de 8 0/0 et 10 0/0 à zéro. La dîme payée annuellement par les émigrants suffit

[1] Circulaire 161 du Comité des armateurs de France. Enquête de la Compagnie Cunard.
[2] *Revue économique internationale*, mai 1909.

donc à amortir les frais généraux des deux Compagnies Hamburg Amerika et Norddeutscher. Elles peuvent ainsi transporter les marchandises à perte et enlever le fret aux Compagnies anglaises et françaises moins privilégiées.

Et qu'on ne dise pas que ce fret humain n'est pas un monopole pour l'Allemagne, car l'Etat allemand a créé des bureaux sanitaires qui examinent les émigrants à leur arrivée sur le territoire d'empire et ne laissent passer que ceux qui sont munis de billets pour les lignes allemandes. Les autres sont écartés comme malades ou indésirables. Et si parfois on laisse entrer des émigrants qui doivent s'embarquer sur un navire étranger, la Saxe ne les autorise à traverser son territoire que dans la mesure où ils sont porteurs de 500 francs, plus 125 francs pour chacun des membres de leur famille au-dessous de 10 ans.

En un mot, le contrôle de l'émigration, comme le dit M. Hauser (1), constitue une véritable « garantie d'intérêt » à 10 0/0 assurée par l'Empire aux grandes Compagnies de navigation et permet à la Hamburg Amerika et à la Norddeutscher Lloyd d'abaisser leurs frets et de fournir à l'industrie allemande des transports particulièrement bon marché.

Les primes. — Nous venons de passer en revue les protections indirectes accordées par l'Etat à ses exportateurs, mais il en est de directes : ce sont les primes. Elles sont, dans la majorité des cas, difficiles à déterminer, car les rédacteurs des statistiques allemandes excellent dans l'art de la dissimulation. Il en est une toutefois qui n'est pas discutable, c'est celle accordée aux exportateurs d'alcool ou de produits à base d'alcool. Elle était, en 1909-1910, fixée à 9 marks par hectolitre, si bien que nos fabricants d'extraits ou nos parfumeurs étaient battus d'avance sur les marchés d'exportation toutes les fois que leurs produits, à base d'alcool, devaient se trouver en concurrence avec les marques allemandes.

Le Central Verband. — Ce qui a considérablement facilité aux industriels allemands l'appui de l'Etat, c'est la puissance qu'a su acquérir l'Union Centrale des Industriels Allemands (Le Central Verband Deutscher Industriellen). Créée en 1882, elle devait rapidement repré-

(1) *Loc. cit.*, p. 171.

senter la totalité des industriels de l'empire et devenir l'organisme économique le plus puissant du monde.

Comptant, à son siège central, plus de 150 employés, cette association traita bientôt d'égale à égal avec le gouvernement, et aucune loi ne fut plus discutée au Reichstag sans qu'elle ait été tout d'abord étudiée par elle. Son rôle ne s'est, du reste, pas borné à exercer un contrôle constant sur la politique intérieure de l'empire ; elle a multiplié les enquêtes à l'étranger et créé, dans toutes les grandes villes du monde, des agences de renseignements qui ont dressé l'état des besoins et des richesses de chaque nation ainsi que celui de la solvabilité des négociants et des industriels étrangers (1).

L'Etat allemand et ses ressortissants à l'étranger. — Quand on résume les causes du développement de l'industrie chimique allemande, il est impossible de laisser dans l'ombre le rôle du commis-voyageur et de la protection que lui a toujours accordée le gouvernement impérial.

Notons d'abord la qualité du voyageur. C'est presque toujours un chimiste, au courant de la fabrication des produits qu'il est chargé de vendre, capable d'en indiquer les meilleures méthodes d'emploi et de déterminer les raisons qui, parfois, ont pu conduire l'employeur à un échec. Nous n'avons pas à montrer sa manière d'opérer, à la fois souple et tenace, sa parfaite connaissance des marchés où il opère, grâce à ces agences de renseignements, comme l'agence Schummelpfeng, pour qui l'espionnage était de pratique courante (2) ; nous n'avons pas davantage à traiter des facilités qu'il trouve auprès des nombreux allemands émigrés qui constituent, dans tous les pays, des colonies fortement constituées, mais il y a lieu de rappeler l'appui éclairé qu'il rencontre auprès des consuls ou des attachés commerciaux de son pays. Bien payés, secondés par des employés nombreux et soigneusement choisis, les agents consulaires allemands défendent les intérêts de leurs nationaux avec un zèle, pour ne pas dire une âpreté, qui n'apparaît guère chez ceux des autres puissances. Ils se sentent soutenus par le gouvernement d'empire qui, dans la majorité des cas, les appuie de toute sa puissance diplomatique et... militaire et donne ainsi au voyageur allemand une assurance qui vient encore accroître le sentiment de sa supériorité.

(1) L'Abbé Wetterlé, *L'Allemagne qu'on voyait et celle qu'on ne voyait pas*, Paris, 1916.
(2) Hauser, *loc. cit.*, p. 206.

Il est difficile de donner des exemples concrets du rôle joué par les consuls, car leurs tractations sont du domaine secret des chancelleries, mais le voile qui recouvre les conversations diplomatiques s'est parfois soulevé ces dernières années et les visions hâtives qui nous sont apparues sont suffisantes pour qu'il nous soit inutile d'insister.

Les conditions locales du travail. — La méthode de travail et la politique économique de nos adversaires ont joué — nous croyons l'avoir montré — un rôle primordial dans le développement de leur industrie, mais ils ont trouvé, sur leur territoire, des richesses géologiques qui ont contribué puissamment à leur succès dans le domaine des fabrications chimiques. Ce sont, en première ligne, la houille, la potasse et le fer.

La houille. — Le sous-sol de l'Allemagne est très riche en combustibles minéraux, puisque l'extraction atteignait, en 1914, près de 300 millions de tonnes.

La fabrication des produits chimiques en consomme peu comme agent de force motrice, mais beaucoup pour la production de la vapeur ou comme matière première. Toute la chimie des matières colorantes et une partie de celle des produits pharmaceutiques est basée, en effet, sur la distillation de la houille et sur celle des goudrons obtenus, conduisant à la séparation du benzol, du toluol, du xylol et de la naphtaline, dont on connaît le rôle en chimie organique.

Le résidu de la distillation, le coke, trouve son emploi pour la production du gaz à l'eau et comme point de départ d'un grand nombre de synthèses. On conçoit donc qu'un prix réduit de la houille, constituant un avantage que l'on peut chiffrer en moyenne à 8 francs par tonne, ait placé l'industrie allemande dans des conditions particulièrement favorables, puisque, dans notre pays, nous sommes, pour les combustibles minéraux, tributaires de l'étranger pour environ 17.000.000 de tonnes.

La potasse. — Les gisements de potasse de Stassfurt, du duché d'Anhalt et d'Alsace constituent un véritable monopole, puisqu'en dehors de ces 3 gisements il n'en existe qu'aux États-Unis et aussi en Espagne où un gîte a été mis en exploitation peu de temps avant la guerre. Nous n'avons pas à montrer l'influence de ce monopole sur les rentrées d'or en Allemagne, dont l'agriculture mondiale est de ce fait tributaire, mais nous savons tous le rôle qu'il a joué, au point de vue chimique, en mettant à la disposition de nos ennemis une source économique de chlore et de brome, matières premières de la plus haute importance en chimie organique.

Le fer. — La proximité de gisements de fer a facilité à nos adversaires la création d'une industrie métallurgique puissante qui consomme 30.000.000 de tonnes de minerai et dépasse, comme production, celle de la Grande-Bretagne (18 millions de tonnes de fonte en 1912). Il en est résulté l'établissement d'usines construisant en série et la production de ces machines-outils et de ces appareils qui alimentent, à bas prix, les usines allemandes de produits chimiques.

***

Raisons pour lesquelles il faut modifier le régime douanier français.

La prédominance de l'industrie chimique allemande provient, nous venons de le montrer, de 4 causes primordiales :

    1° *l'esprit de méthode* ;
    2° *le régime des groupements* ;
    3° *la protection d'État* ;
    4° *les conditions économiques.*

Est-il possible de mettre en œuvre, dans notre pays, quelques-uns de ces éléments de succès? C'est ce que nous allons examiner maintenant.

Il semble que dans le pays où a été écrit le « discours sur la méthode », et dont toute l'histoire révèle une admirable floraison de qualités de logique et de clarté, alliées à des efforts constants vers le mieux et le bien, la mise en valeur de l'esprit de méthode devrait être facile. Et cependant, n'opposons-nous pas à la méthode l'absence de discipline et un certain individualisme poussé à l'extrême? Dans ce pays on se plie difficilement à la règle et l'organisation la plus parfaite en théorie se heurte souvent à l'esprit de critique des individus.

Or, si l'esprit critique conduit au progrès, l'esprit de critique est haïssable ?

Loin de nous la pensée qu'il y a là une impossibilité radicale, mais il nous paraît que prévoir un écueil n'est pas rendre impossible — au contraire — l'adoption des mesures propres à l'éviter. Et n'est-ce pas commencer à se corriger d'un défaut que de le reconnaître ? Notre caractère primesautier sait du reste — la guerre est venue le démontrer — se plier à la continuité de l'effort et cette expérience sanglante mènera à la coordination plus complète des énergies.

Nous voulons donc croire que l'esprit de méthode, en ce qui concerne notre industrie, peut se développer aussi bien dans notre pays qu'en Allemagne, par la simple application persévérante des qualités de notre race. Son développement sera, du reste, singulièrement facilité par un contact plus intime des savants et des industriels. La guerre a fait tomber les murs des tours d'ivoire où se complaisaient nos savants et les industriels, contraints d'installer, en plein conflit, des fabrications nouvelles, ont dû faire appel aux connaissances et au dévouement des chimistes que, jusqu'alors, beaucoup d'entre eux n'avaient pas appris à connaître et à apprécier.

Et ce ne sera pas le moins heureux effet de l'Union sacrée que ce rapprochement, qu'il faut vouloir définitif, des créateurs et des réalisateurs.

Le problème des cartels et de l'appui de l'Etat sera plus difficile à résoudre.

On a souvent dit que c'était la crainte de l'article 419 du Code pénal, relatif à l'accaparement, qui avait entravé en France le développement des comptoirs de ventes. Nous croyons plutôt que l'absence de groupement dans notre pays est imputable à la crainte de tant d'industriels de perdre, ne fût-ce qu'une faible partie, de leur liberté ou de leur autonomie. Et ce qui le prouverait c'est qu'il existe ou a existé des comptoirs et ententes de prix : celui des fers et larges plats, des soudières, de l'acide sulfurique, des superphosphates, pour ne parler que des principaux. Et aujourd'hui même, les nombreuses sociétés d'initiative qu'a fait naître la guerre se préoccupent de la modification de l'article 419 et de l'adoption d'une législation qui permette la politique des groupements.

Nous ne doutons pas que le Parlement apporte les tempéraments utiles à l'article 419, surtout qu'il s'agit, non pas d'acclimater ici les cartels allemands, arme de guerre économique conduisant à la guerre militaire, mais simplement de permettre l'union en faisceaux des initiatives individuelles, et la collaboration des capacités d'une même industrie en vue du développement de notre puissance productive et de la maîtrise de notre marché intérieur. Le rôle des pouvoirs publics doit, du reste, être primordial dans le travail de l'après-guerre, sans que nous pensions qu'il puisse et doive se manifester sous la forme de « tuteur de l'industrie » qu'a adoptée le gouvernement du kaiser. On a bien dit que le Français ne savait pas lutter par lui-même, qu'il était toujours prêt à faire appel à ce Maître-Jacques qu'est l'Etat, mais ce recours à l'Etat n'a jamais eu qu'un caractère local, arrondissementier pourrions-nous dire, tandis que le rôle que nous rêvons voir jouer au Parlement est celui d'un précurseur, préparant à l'industrie nationale les voies qui doivent la mener au succès. Développement de tous les moyens de travail : Ecoles, apprentissage, laboratoires, voies ferrées, canaux, ports fluviaux et ports maritimes, mise en valeur de notre domaine colonial, etc., n'est-ce pas là un programme suffisant si tous ces grands problèmes sont traités avec conscience, autrement que devant des banquettes vides ? Il ne s'agit pas, qu'on nous comprenne bien, de critiquer le Parlement, car si, trop souvent, les questions politiques ont eu pour lui le pas sur les problèmes économiques, la faute, pour beaucoup, en incombe aux industriels eux-mêmes. Poussant à l'extrême l'esprit d'individualisme, dont nous avons parlé plus haut, ils n'ont su former que des poussières de groupements, incapables de faire entendre leurs revendications, et nous ne trouvons rien dans notre pays qui puisse être comparé au Central Verband, véritable annexe du Ministère du Commerce allemand.

Nous reconnaissons cependant volontiers qu'il y a des circonstances atténuantes et que le génie de notre race se serait mal adapté aux règlements, souvent draconiens, imposés par les syndicats allemands ou par l'Etat allemand lui-même. Et même chez nos ennemis, malgré leur discipline et leur respect de la hiérarchie, l'appui de l'Etat ne s'est pas réalisé aussi facilement que notre rapide et objectif exposé pourrait le faire croire. Les luttes et les résistances ont été nombreuses et, avant de soutenir — de sa toute puissance — les cartels, l'Etat allemand les a longtemps combattus. L'on peut même dire que l'union des efforts individuels, sous l'égide de l'Etat, a trouvé sa rançon dans un contrôle autocratique et des lois sociales ou fiscales : loi sur les accidents du travail, loi sur les maladies professionnelles, impôt sur le revenu inquisitorial, impôt sur la richesse acquise, appliquées de l'autre côté du Rhin dans un esprit de rigueur qui n'aurait pas été supporté ici où la liberté n'est pas morte et où la prospérité industrielle est loin d'être aussi parfaite que chez nos ennemis.

Il faut, du reste, reconnaître que l'activité économique et la puissance militaire ont, en Allemagne, réagi l'une sur l'autre, s'appuyant mutuellement, s'accordant de mutuelles concessions, à tel point que nous avons assisté à la fusion de ces deux extrèmes : socialisme et pangermanisme.

La Sozial démokratie, qui a compris bien vite l'intérêt qu'elle pourrait retirer, au point de vue du bien-être de la masse, du développement industriel et qui a aidé au renforcement de la puissance économique de son pays en obtenant — en contre-partie — le vote des lois sociales que nous venons de rappeler, n'a pas hésité à adopter les principes du pangermanisme dans la mesure où elle a cru au succès des armes allemandes et à la prospérité (dont ses membres seraient les premiers à bénéficier) qui succéderait à une paix glorieuse.

L'application, en France, d'une pareille tutelle conduirait tout droit à l'accaparement et, disons le mot, au socialisme d'Etat. C'est assez dire que nous ne saurions nous rallier à un tel programe. Mais il y a mieux, car nous prétendons que le cartel, tel qu'il a fonctionné sous l'égide de l'Etat allemand, fausse le jeu de la concurrence honnêtement pratiquée.

Basé sur la négation de la loi naturelle de la production limitée aux besoins, le régime de la surproduction et la politique du dumping sont une extension démesurée de la notion de l'union et créent un état factice, qui peut conduire au succès celui qui le pratique, mais qui fausse le jeu de la concurrence loyale. Ce n'est plus, comme disent nos sportifs alliés, du « Fair Play » et quelle que soit la rigueur de la lutte économique, nos industriels ne voudraient pas appliquer des méthodes qui — faisant fi de toute loyauté — conduisent tout droit aux conflits armés. Deux nations également puissantes et riches pratiquant l'une et l'autre le dumping doivent forcément annihiler leurs efforts et en arriver à la guerre ou à la banqueroute. Evidemment, la situation de l'Allemagne avant la guerre était privilégiée ; seule des nations européennes, elle avait coordonné toutes ses forces en vue de la conquête des marchés étrangers, et l'on peut même se demander par quel besoin fébrile de domination immédiate, par quelle aberration, elle en est arrivée à chercher à obtenir, par les armes, une victoire qu'elle aurait remportée, pacifiquement, 20 ans plus tard. Car, enfin, nul d'entre nous n'en peut douter : l'Allemagne était en voie d'acquérir la maîtrise complète du commerce mondial.

Le délai de 20 ans aurait même été singulièrement réduit si l'Allemagne avait poussé ses méthodes d'expansion jusqu'au bout et avait osé consacrer à la conquête des marchés étrangers quelques-uns des milliards qu'elle engloutit actuellement dans la guerre.

En présence d'une pareille hypothèse, qui est dans la logique même des méthodes allemandes, on ne peut songer à copier servilement l'organisation de nos ennemis et c'est même avec un sentiment de soulagement qu'on en vient à envisager l'application du principe de juste mesure qui consiste à acquérir la maîtrise de son marché intérieur et à ne développer son exportation que dans la limite des besoins de la balance commerciale, c'est-à-dire proportionnellement à la valeur des importations nécessaires. Créons donc des comptoirs de ventes, mais limitons leur action à régulariser notre marché français et à éviter la concurrence de nos différentes marques sur les marchés étrangers. Interdisons-nous, surtout, la pratique du dumping qui n'aurait qu'un seul résultat : le relèvement du coût de la vie dans notre pays et, dans un bref délai, un nouveau conflit armé !

Quelle que soit l'opinion qu'on puisse avoir de cette notion du comptoir de vente, elle répond à la loi des échanges et se place à égale distance de la politique d'expansion et de celle de l'abandon de la lutte économique.

Mais nous ne parviendrons à ce résultat qu'à la condition de choisir dès maintenant nos moyens de lutte. L'Allemagne vaincue restera encore redoutable par ses immenses usines, la richesse de son sous-sol et sa capacité de travail et l'on ne saurait douter qu'elle ne fasse un immense effort pour panser ses plaies et regagner les marchés de ses adversaires.

Déjà elle s'y prépare et négocie, avec l'Autriche-Hongrie, une union économique. Quels moyens devrons-nous mettre en œuvre pour défendre notre industrie d'avant-guerre, aussi bien que notre industrie de guerre ? Nous n'en voyons qu'un immédiatement efficace, puisque nous ne pouvons et ne voulons pas réaliser la politique des cartels et du dumping : la révision de notre tarif des douanes, révision dirigée contre les Empires du centre et qui devra être complétée par une entente entre les Alliés. Il s'agit, bien entendu, d'un remède momentané à la crise créée par l'Impérialisme allemand, remède destiné à rétablir l'équilibre rompu au détriment de notre pays et qui doit conduire à un protectionnisme modéré justifiant le vieil adage : *In medio stat virtus*.

Ce que doit être notre nouveau régime douanier.

Pour réaliser, en nous plaçant au seul point de vue douanier, ce double projet de défense contre les Empires du centre et d'Union entre les Alliés, nous avons le choix entre trois solutions :

a) Le maintien du système du double tableau (tarif maximum et tarif minimum) avec conventions de courte durée ;

b) Le retour aux traités de commerce avec tarifs annexés ;

c) Le système mixte du double tableau et des traités de réciprocité.

Notre régime du double tableau, institué en 1892, a fait ses preuves. Il a, nous le répétons une fois de plus, donné à notre pays la maîtrise de son tarif, mais il s'est trouvé souvent inopérant depuis que les pays étrangers sont entrés dans la voie des spécialisations.

La plupart des nations ont bénéficié, à l'entrée dans notre pays, du tarif minimum, c'est-à-dire de la situation de la nation la plus favorisée, et ne nous ont accordé le bénéfice de leurs tarifs conventionnels que dans la mesure où elles ne nous en écartaient pas immédiatement, en spécialisant les produits faisant l'objet de traités de commerce avec des tierces puissances. Nous pouvions bien ainsi — sauf dans le cas du dumping allemand — protéger notre marché intérieur et assurer la stabilité économique de notre industrie, mais nos ventes à l'exportation se trouvaient à la merci de tractations auxquelles notre gouvernement restait étranger.

C'est, sans contredit, le point faible du système du double tableau, car son maintien pur et simple nous soumettrait à nouveau à la puissance qui, adoptant les méthodes allemandes, voudrait faire de son régime douanier une arme de guerre en le complétant par la politique continue du dumping, dirigée vers la conquête du marché français.

Notre tarif minimum, basé sur le jeu normal de la concurrence, est, en effet, insuffisant pour nous protéger contre des mesures déloyales comme celles mises en œuvre en Allemagne et dont nous avons montré l'économie.

Serons-nous donc forcés d'en revenir aux traités de commerce avec tarifs annexés ?

Ces traités, dont la durée normale est de 7 à 10 ans, sont basés sur l'octroi, au pays avec lequel on négocie, de droits réduits dans le cas où il vous accorde des réductions correspondantes sur certains articles de son tarif.

Ce système, qui paraît l'équité même, comporte de grandes difficultés d'application. Il entraîne la multiplication des taxes pour les mêmes articles, puisqu'un même pays conclut généralement des traités avec plusieurs autres, sans que nécessairement la tarification soit identique dans ces différents traités. Il favorise les fraudes en incitant les importateurs à tromper sur l'origine de la marchandise importée, dans le but de bénéficier du droit le plus réduit accordé à l'une quelconque des nations étrangères. De là, pour l'Administration des douanes telle qu'elle est constituée actuellement, un véritable travail d'hercule.

L'industrie s'est aussi souvent plainte de l'incertitude dans laquelle la place le régime des traités. Ils n'arrivent pas tous à échéance à même date, ils sont conclus à des époques différentes, si bien que les intéressés sont obligés à des études constantes et à une vigilance qui devient bien vite fatigante.

Mais si le système du double tableau, pas plus que celui des traités à long terme, ne donne entière satisfaction, on peut se demander si un régime mixte ne permettrait pas de résoudre une partie des difficultés en présence desquelles nous nous trouvons aujourd'hui.

Etablissement d'un tarif à triple tableau. — Chacune de nos industries peut facilement déterminer la protection minima qui lui est indispensable pour avoir la maîtrise de son marché intérieur. De là, la nécessité de fixer un tarif minimum au-dessous duquel les droits ne pourront pas être réduits et qui donnera toute quiétude aux industriels.

Cette base une fois établie, s'il est, en même temps, adopté un tarif maximum élevé, les nations étrangères seront incitées à entrer en conversation avec nous et à nous consentir des réductions de taxes pour obtenir, à leur tour, soit le tarif minimum, soit un tarif intermédiaire si leurs concessions sont insuffisantes. L'on réalise ainsi un système mixte, qui présente toute la souplesse nécessaire à une période aussi troublée que celle que nous vivons aujourd'hui et que nous vivrons demain, après les hostilités, lorsque les problèmes économiques de l'après guerre se poseront avec une inquiétante acuité.

Il devrait être complété par l'accroissement de l'écart entre les chiffres des tarifs minimum et maximum — ce dernier étant porté au double du premier — et par la faculté, concédée au Parlement, d'augmenter à tout instant les taxes inscrites au tarif maximum. Lors de l'établissement de son tarif de 1906, l'Etat allemand s'était réservé cette dernière faculté, dont il ne s'est pas fait faute de jouer et qui lui a permis de faire pression sur les nations avec lesquelles il négociait des traités de commerce.

Grâce à ces mesures, leur assurant une protection minima, nos industriels et négociants auraient une réelle quiétude et nos diplomates seraient en possession d'importants moyens de tractation.

Nous savons bien qu'un tel régime n'échappera pas à la critique de la complexité, mais il ne devrait, dans notre esprit, qu'être momentané et conduire à l'établissement d'un triple tableau, comportant :

Un tarif maximum, applicable aux pays ennemis ;

Un tarif minimum, applicable aux alliés, dans la mesure où ils nous accorderont des avantages corrélatifs ;

Un tarif intermédiaire, qui serait concédé aux neutres et aux nations alliées dont les concessions, à l'égard de nos produits, seraient insuffisantes.

La taxation serait simplifiée d'autant, réduite qu'elle serait à trois chiffres, les importateurs connaîtraient facilement les droits qu'ils auraient à acquitter et l'Administration des douanes n'aurait plus qu'à s'assurer de la réelle provenance des marchandises soumises à la taxation.

Nous touchons là un des points les plus délicats de l'application des tarifs : celui des fausses déclarations d'origine.

Les déclarations d'origine. — De tout temps, les pays soumis au tarif maximum ont cherché à faire passer leurs produits par les lignes de chemin de fer ou les ports des pays bénéficiant de la clause de la nation la plus favorisée, de façon à les dénationaliser et à les faire bénéficier du tarif minimum.

Que de fois, par exemple, des produits des Etats-Unis sont entrés en France comme produits anglais, après avoir été simplement déchargés et rechargés dans les docks de Londres. La déclaration d'origine n'a pas permis d'arrêter cette fraude, soit par suite d'incurie de nos agents consulaires, soit par suite de l'habileté de l'importateur yankee qui savait faire subir à sa marchandise, dans les docks de Londres, un pseudo-traitement de transformation.

Evidemment, le système du triple tableau incitera à des fraudes de ce genre, mais l'Administration sera suffisamment armée le jour où toute fausse déclaration sera passible de pénalités sévères, allant jusqu'à la prison, et où elle aura le droit de faire la preuve, en s'aidant des statistiques, de l'impossibilité où se trouve telle nation, bénéficiant du tarif minimum, d'importer dans notre pays la totalité des marchandises qu'elle nous expédie.

Nous ne doutons pas, en effet, que l'application stricte des pénalités donnerait à réfléchir aux fraudeurs et que quelques exemples suffiraient pour tuer dans l'œuf les intentions de fraude. Quant aux documents statistiques, si nous demandons que l'Administration des Douanes puisse en faire état, c'est que nous connaissons des cas où des produits américains ont été baptisés anglais et où la preuve résultant du fait que la production anglaise des produits incriminés n'excédait pas 10 0/0 des quantités exportées de Grande Bretagne sur la France n'a pas été admise. La tâche de la douane pourrait être également simplifiée, non pas au point de vue du travail, mais à celui du contrôle, par une spécialisation des articles de notre tarif. Mais ce n'est là qu'une indication générale, car si la spécialisation est relativement facile pour les produits naturels, qui présentent souvent des caractéristiques variables suivant leurs origines, il n'en est pas de même dans le domaine de la chimie, où, à de rares exceptions près, les méthodes de fabrication conduisent à des corps identiques quel que soit le pays où ils ont été préparés.

Droit compensateur. — Notre tarif douanier n'aura, du reste, de valeur que dans la mesure où l'État sera bien décidé à user des armes que lui donnera notre législation. C'est ainsi que l'article 3 de la loi du 29 mars 1910, qui permet au Gouvernement d'établir, par décret, sur les marchandises taxées ou non, qui bénéficient dans leur pays d'origine ou de provenance d'une prime directe ou *indirecte* à l'exportation, un droit compensateur égal au montant de cette prime, devrait être maintenu. On peut espérer, en effet, que la France, qui, avant la guerre, n'osait pas appliquer cet article, dans la crainte de provoquer un conflit armé, n'hésitera pas, au lendemain de la victoire, à en faire une application judicieuse et ferme. Ce sera le moyen d'éviter le retour de la politique déloyale du dumping érigée en système, et dont nous avons subi les funestes effets (1).

(1) Le Canada et les Etats-Unis se sont protégés contre le jeu du dumping :
Le premier, en établissant deux taxes se cumulant, l'une égale au droit inscrit au tarif et calculée non pas sur le montant de la facture, mais bien sur le prix normal dans le pays exportateur, l'autre égale à la différence entre le prix de la

L'admission temporaire et les drawbacks. — Si la protection douanière s'impose contre les empires de proie qui n'ont vu, dans la lutte économique, qu'un moyen d'expansion et de domination, il est cependant nécessaire que notre tarif ne soit pas établi de telle sorte qu'il provoque la cherté de la vie et qu'il rende difficile à notre industrie la part d'exportation à laquelle elle a droit dans le jeu de la balance commerciale.

De là, deux nécessités : le maintien d'un tarif minimum modéré et l'extension du principe de l'admission temporaire et du drawback. Sur le premier point et dans la mesure où les tarifs minimum et intermédiaires (ceci dans le cas de l'adoption du triple tableau) seront appliqués aux pays alliés et aux nations neutres qui nous accorderont des avantages réels, nous ne prévoyons pas de discussion. Toutes les industries sont solidaires les unes des autres et une protection exagérée, accordée à l'une d'entre elles, ne manquerait pas d'avoir une répercussion immédiate sur les autres.

Cependant, comme une défense minimum est indispensable, c'est à l'admission temporaire ou au drawback de permettre la mise en œuvre de matières premières à bon marché destinées à la fabrication des marchandises d'exportation.

L'admission temporaire, c'est, suivant le Dictionnaire des finances de Léon Say : « La faculté accordée aux industries d'importer en franchise de droits les produits étrangers destinés à être fabriqués ou à recevoir à l'intérieur un complément de main-d'œuvre, à charge de réexporter les produits ainsi fabriqués ou œuvrés ou de les placer en entrepôt dans les délais fixés par la loi ou par les décrets de concession. »

Le drawback, suivant le même auteur, « c'est le remboursement, lors de l'exportation à l'étranger d'un produit manufacturé, des droits qui ont été antérieurement perçus sur les matières premières employées à sa fabrication ».

Nul ne disconviendra que la généralisation de ces mesures est de nature à donner toute satisfaction à nos industries d'exportation. Elles permettront, en outre, d'attendre la solution de ce problème si com-

---

facture et le prix normal ;

Le second, en faisant porter le droit sur le prix intérieur du pays exportateur.

Dans l'un comme dans l'autre cas, des agents spéciaux, commissionnaires dans les pays exportateurs, renseignent les administrations douanières sur les cours réels des marchandises dans ces pays.

plexe, que nous n'avons pas à traiter ici, des ports francs et des zones franches.

Nous reconnaissons cependant que l'application sur une vaste échelle de l'admission temporaire ou du système du drawback compliquera singulièrement le rôle de l'Administration des douanes, mais nous verrons plus loin que le renforcement de cette administration s'impose et qu'elle devra être en état de solutionner des problèmes plus compliqués encore que celui du remboursement de droits perçus sur des marchandises entrées en France, puis réexportées.

Les droits ad valorem. — Il est un autre point de vue de la taxation douanière qui mérite un examen approfondi de la part des pouvoirs publics, c'est celui de l'application du droit *ad valorem*.

Quand une marchandise non dénommée, c'est-à-dire non inscrite au tarif, est introduite en France, elle acquitte, sauf les exceptions dont nous parlerons plus loin, un droit de 5 0/0 de sa valeur. Cette taxation avait paru suffisante, quoique le taux moyen de notre tarif atteignît 8 0/0 et qu'il fût en Allemagne de 8,4 0/0, en Italie de 9,6 0/0 et aux États-Unis de 23,2 0/0 (1).

C'est elle cependant qui a permis à l'Allemagne de créer en France, avant 1910, une industrie chimique de finissage, dans le but d'éviter partiellement le paiement de droits destinés à protéger notre industrie.

Un produit chimique de consommation importante était-il inscrit à notre tarif et protégé d'une façon efficace? Nos ennemis importaient alors chez nous l'avant-dernier stade de fabrication de ce corps et en achevaient la transformation en un produit marchand dans une usine installée, à cet effet, dans notre pays. De là, pour eux, un double avantage, puisqu'ils n'acquittaient plus que le droit de 5 0/0 *ad valorem* et que le produit importé n'étant pas marchand, il leur était loisible d'en fixer la valeur à un taux très réduit.

Les exemples de cette manière d'opérer sont multiples dans l'industrie des matières colorantes et des produits pharmaceutiques ; nous rappellerons simplement celui de l'indigo synthétique qui aurait dû acquitter un droit de 56 francs pour 100 kilos et qui était importé, à demi fini, sous forme de phénylglycinate de potasse en payant 15 fr. par 100 kilos, c'est-à-dire le droit des produits chimiques dérivés du goudron de houille et non dénommés.

(1) Augier et Marvaud, *loc. cit.*, p. 369.

C'est, tout au moins pour partie, cette préoccupation d'éviter des droits de douanes élevés qui a conduit à la création de la Compagnie Parisienne de Couleurs d'Aniline (Usine à Creil), filiale des Farbwerke vorm. Meister Lucius et Bruning, de la Manufacture Lyonnaise de Matières Colorantes, filiale de Casella et Co, ainsi que des usines de Saint Fons (Rhône), de Flers (Nord), etc., succursales de l'Actien-Gesellschaft für Anilinfabrication et de la Badische Anilin und Soda-Fabrik, etc.

En 1910, le Parlement s'est préoccupé de la question et a élevé, pour certains produits (produits susceptibles d'être employés comme parfums synthétiques), le droit *ad valorem* de 5 à 15 0/0.

Il paraîtrait nécessaire de renforcer nos moyens de défense, à la fois en accroissant le nombre des marchandises inscrites au tarif, c'est-à-dire payant un droit spécifique, et en fixant à 15 0/0 le droit *ad valorem* sur tous les produits non définis, quitte à édicter que ce droit pourra être transformé, par le Comité des Arts et Manufactures, en un droit spécifique aux 100 kilos, après enquête faite auprès des industriels français intéressés à la production de l'article visé.

Le renforcement de l'Administration des douanes. — Que ce soit par application d'un tarif à triple tableau, l'extension de l'admission temporaire ou des drawbacks, ou par la multiplication des articles inscrits au tarif, le travail de l'Administration des douanes se trouvera singulièrement accru et il est nécessaire de prévoir son renforcement.

Il devrait porter à la fois sur le personnel des vérificateurs et sur celui des laboratoires.

La tâche des vérificateurs s'aggravera du fait même de l'obligation où ils seront, non seulement de déterminer le tarif à appliquer à tel ou tel article, suivant sa provenance, mais encore de rechercher les conditions de véracité des déclarations d'origine. Leur responsabilité sera accrue d'autant et la nécessité s'imposera de multiplier leur nombre pour leur permettre d'accorder plus de temps à chaque dossier. Il faudrait, de même, leur adjoindre un service de laboratoire organisé de telle sorte que la plupart des produits importés puissent être analysés rapidement en vue de vérifier la déclaration de l'importateur.

Malgré le dévouement des services, la multiplication des échanges était telle, avant la guerre, que des fraudes importantes ont pu se produire. Il nous est même revenu aux oreilles que les marchandises de nos ennemis, saisies en douanes au début des hostilités, avaient donné lieu à la constatation de fausses déclarations multiples qui, très probablement, en temps normal, auraient passé inaperçues.

Le renforcement des cadres des services douaniers pourrait parer à ces fraudes, mais le résultat serait d'autant plus facilement atteint que les pénalités frappant les fraudeurs seraient plus sévères et que les agents, vérificateurs ou chimistes, seraient intéressés à leur répression par l'allocation de primes.

Quelle que soit la charge financière immédiate qui doive résulter d'une réforme de l'Administration des douanes, nous voulons croire que les pouvoirs publics n'hésiteront pas à la réaliser puisqu'elle conduira à un accroissement des droits encaissés et à une protection plus complète de notre industrie, source de richesse pour le pays.

Conclusions. — Finalement, nous concluons, envisageant le problème posé au point de vue général, en demandant :

1° *L'établissement d'un tarif à triple colonne comportant* :

    a) *Un tarif maximum appliqué à nos ennemis, sous réserve des concessions momentanées que nous pourrions leur accorder sur certains produits nécessaires à notre industrie, en contre-partie d'avantages corrélatifs attribués aux marchandises françaises entrant en Allemagne, en Autriche-Hongrie, en Bulgarie ou en Turquie ;*

    b) *Un tarif minimum appliqué aux alliés ou aux neutres qui le mériteraient par leurs concessions à notre négoce ;*

    c) *Un tarif intermédiaire, appliqué aux neutres et aux produits de nos ennemis dont nous aurions un urgent besoin ;*

    d) *La fixation du tarif maximum au double du tarif minimum ;*

    e) *La fixation, à 15 0/0 ad valorem, du droit sur les produits non dénommés ;*

2° *Le maintien de l'article 3 de la loi du 29 mars 1910 relatif au droit compensateur ;*

3° *L'extension du principe de l'admission temporaire et du drawback ;*

4° *L'application de pénalités sévères aux fausses déclarations d'origine ;*

5° *Le renforcement de l'Administration des douanes.*

Nous étudierons, dans la seconde partie de notre travail, les revendications de détail des différentes branches des fabrications chimiques rattachées à notre Syndicat, mais nous estimons que l'adoption des mesures générales que nous venons de résumer redonnerait à notre industrie la maîtrise de son marché intérieur.

Ce but ne sera cependant atteint que dans la mesure où la protection douanière sera complétée par la mise en œuvre de moyens qui sortent du domaine de notre étude, mais qui méritent toutefois d'être résumés très brièvement.

*
* *

Des moyens, autres que les droits de douanes, de donner à notre industrie la maîtrise de son marché.

Ces moyens sont de deux sortes : ceux qui dépendent exclusivement de nous-mêmes et des mesures que nous pouvons prendre librement ; ceux qui sont subordonnés aux conditions de paix et aux obligations qui seront imposées à nos ennemis.

Mais avant de définir les possibilités de développement de nos industries chimiques par l'application de mesures d'ordre général, il est tout d'abord nécessaire de rechercher si, écartant les achats à nos ennemis, nous trouverons dans notre patrie ou chez nos alliés les matières premières indispensables à nos fabrications.

Examinons donc successivement les différentes industries chimiques, dans l'ordre où nous les avons classées pour les besoins de notre enquête douanière :

Grande industrie chimique. — La fabrication des acides minéraux, des hypochlorites, des alcalis et des carbonates alcalins a pris une telle extension depuis le début des hostilités, qu'on ne peut pas douter qu'après la guerre la production française ne suffise, et au delà, aux besoins anciens et nouveaux.

La production de l'oléum, en particulier, qui joue un si grand rôle dans la fabrication des matières colorantes et des produits pharmaceutiques, sera plus que largement suffisante pour répondre aux demandes, et il en sera de même pour l'acide chlorhydrique et l'acide nitrique.

La fabrication du chlore liquide, qui était restée un quasi-monopole pour nos ennemis, a été créée de toutes pièces et l'on peut croire qu'elle survivra à la guerre. Nous pouvons, du reste, escompter la rentrée dans le giron de notre patrie des gisements de potasse de l'Alsace, dont le traitement électrolytique nous procurera une nouvelle source économique et presque illimitée de chlore.

En sera-t-il de même pour le brome, dont la préparation, à partir des sels de potasse, est plus économique que la mise en œuvre de l'ancien procédé Balard? Nous en doutons, car les gisements de potasse d'Alsace ne paraissent pas renfermer de brome.

La situation de l'industrie des cyanures est toute différente. Maintenue en France, malgré le monopole de fait de la Deutsche Gold und Silberscheide Anstalt, de Francfort, elle n'a pas cependant pris le développement sur lequel on aurait eu le droit de compter.

Il n'est pas, en effet, d'industrie où la méthode du dumping ait été poussée aussi loin, et nous avons le souvenir des efforts faits par nos ennemis pour empêcher la mise au point de l'usine montée à Nesle, par la Société de Récupération de Produits Chimiques, en vue de la fabrication du cyanure de sodium. Rien n'empêche, cependant, d'espérer qu'à l'aide d'une protection judicieuse, nos industriels puissent donner une réelle extension à cette fabrication dans ce pays.

Les autres fabrications se rattachant à la Grande Industrie, telles que l'électro-chimie, la fabrication des superphosphates et des produits ammoniacaux, ont prouvé leur vitalité et sont organisées de telle sorte qu'elles pourront facilement faire face aux besoins de notre marché intérieur.

Un seul point reste incertain : la situation pouvant résulter de la réalisation industrielle du procédé Haber de préparation synthétique de l'ammoniaque.

Quant à la fabrication de l'air liquide et des gaz liquéfiés, elle a donné trop de preuves de sa puissante organisation pour que l'on puisse douter de son avenir.

Petite industrie chimique et produits pharmaceutiques (1). — Nous touchons, avec cette classe de produits, au domaine où l'Allemagne avait pris peu à peu une maîtrise indiscutable. Qu'il s'agisse de produits de laboratoire, de parfums synthétiques ou de produits pharmaceutiques, la lutte était chaque jour plus âpre, et, pour nous, plus douteuses les chances de succès.

Il faut dire que pour une importante partie de matières premières,

(1) Fourneau et J. Dupont, Conférences à la Société d'Encouragement (1915).

telles que la potasse, le brome, le chlore liquide, ainsi que les produits de la distillation de la houille : benzine, toluène, naphtaline, phénol, aniline, etc., notre industrie se trouvait nettement en état d'infériorité. Les Allemands avaient, grâce aux gisements de Stassfurt, d'Anhalt et d'Alsace, le monopole de la potasse, du chlore et du brome. D'un autre côté, leur régime fiscal de l'alcool leur permettait la mise en œuvre de ce corps à des prix fixes et réduits, tandis que leurs importantes consommations de produits acétiques leur facilitaient l'importation, à bas prix, de ces produits en provenance des États-Unis.

Là encore, la guerre a apporté la solution cherchée en ce qui concerne la chlore liquide, et nous verrons plus loin, en traitant des matières colorantes. que nous pouvons caresser l'espoir de trouver, dans ce pays et chez nos alliés, celles des matières premières (potasse, goudron de houille) qui pourraient nous manquer.

Quant à l'alcool, le projet de loi déposé sur le bureau du Parlement par M. Ribot, ministre des Finances, nous mettrait en mesure de lutter à armes égales contre nos concurrents (1).

Matières colorantes (2). — Il semble que tout a été dit ou écrit depuis quelques mois, en ce qui concerne cette classe de produits, et il nous suffira de rappeler que cette branche de l'industrie chimique est intimement liée, au point de vue matières premières, à la distillation du coke métallurgique. Le point de départ de la plupart des matières colorantes se trouve, en effet, dans les corps retirés de la distillation des goudrons de houille : benzène, naphtalène, anthracène, etc., auxquels viennent s'ajouter, comme pour les produits pharmaceutiques, la potasse, le chlore et le brome.

Pour ces différentes matières, l'Allemagne se trouvait, avant la guerre, beaucoup mieux armée que nous.

Voici, en effet, basée sur les statistiques de 1908, la production comparée de coke métallurgique en Allemagne, en Angleterre et en France :

Allemagne	21.000.000 de tonnes.	
Angleterre	18.000.000	—
France	2.000.000	—

Si l'on fait entrer en ligne de compte la quantité de benzol obtenue

(1) Duchemin, Conférence à la Société d'Encouragement (1915).
(2) Wahl, Conférence à la Société d'Encouragement (1915).

non seulement dans les cokeries, mais aussi dans les usines à gaz, on arrive, au total, aux productions suivantes de ce corps :

Allemagne, environ. . . . . 180.000 tonnes.
Angleterre   —   . . . . . . 120.000 —
France   —   . . . . . . 20.000   —

Il résulte de l'examen de ces chiffres que si, grâce aux nouvelles productions de chlore liquide et grâce aussi au retour à notre patrie des gisements d'Alsace, nous serons indépendants pour la potasse et le chlore, il n'en sera pas de même pour les produits de la distillation de la houille. De là, la nécessité de prévoir le retour à la France du bassin houiller de la Sarre, qui nous redonnera une partie du combustible que nous importons actuellement, ainsi que le développement de la fabrication du coke métallurgique avec, dans toutes les installations de cokeries, la récupération des sous-produits. Mais, même la réalisation de ce programme nous laissera tributaires de l'étranger pour une partie de nos besoins de houille, jusqu'au jour où nous aurons aménagé toutes les chutes d'eau disponibles de notre territoire. Nous serons donc amenés à envisager une entente spéciale, à ce sujet, avec nos alliés Belges et Anglais, pour trouver chez eux une partie des matières qui nous manqueront.

Produits de la distillation de la houille, du bois et des pétroles. — La distillation de la houille est, nous venons de le voir, moins développée dans notre pays qu'en Allemagne, mais il faut espérer un accroissement régulier de cette industrie, proportionnellement aux tonnages de houille qui seront mis à sa disposition et que nous donnera la victoire, puisque les méthodes de travail et de fabrication françaises ne le cèdent en rien aux procédés allemands [1]. L'usine des mines de Lens pouvait être citée en exemple, et de tous côtés des installations de récupération étaient en montage au début des hostilités.

En ce qui concerne la carbonisation, en vases clos, des bois durs, les productions allemandes et françaises étaient à peu près égales, mais l'une et l'autre se trouvaient — dans la mesure de la protection douanière — sous la dépendance de la carbonisation des Etats-Unis.

[1] Mallet, Conférence à la Société d'Encouragement.

On peut donc dire que, pour les produits acétiques, nos fabricants pourront être placés sur le même pied que leurs concurrents.

La distillation des résineux est très développée dans notre pays, où elle fournit facilement les essences de térébenthine et les résines nécessaires à la consommation indigène et exporte en outre une importante partie de sa production.

Pour les pétroles, la situation est, à peu de chose près, la même en France et en Allemagne, les deux nations étant l'une et l'autre importatrices, sauf cependant pour les gîtes pétrolifères de Peichelbronn (Alsace), qui rentreront, nous n'en voulons pas douter, dans le territoire national.

Extraits tinctoriaux et tannants. — Industrie dont l'exportation est importante, elle est susceptible de faire face à tous les besoins nationaux.

Couleurs minérales, laques et vernis, cirages, etc. — Notre pays est indépendant pour la plupart des matières premières mises en œuvre dans cette industrie, soit qu'on les trouve dans notre sous-sol, soit que nous soyons à même de les importer au même titre que nos ennemis.

Savonnerie, stéarinerie, huilerie, cires, etc. — Pour qui connaît le développement de ces fabrications dans notre pays, il ne saurait y avoir de doute qu'elles sont absolument indépendantes de l'industrie allemande et qu'avant comme après la guerre, elles trouveront, hors d'Allemagne, les matières premières qui leur sont nécessaires.

Colles et gélatines. — Indépendante des marchés allemands en ce qui concerne les produits mis en œuvre, l'industrie des colles et gélatines est cependant une de celles que nos ennemis ont essayé d'absorber partiellement par rachat ou fusion. Il faut donc espérer qu'après la guerre l'emprise allemande pourra être brisée.

Matières plastiques. — Là encore, nous nous trouvons en présence de fabrications qui échappent à la dépendance germanique, et l'on peut espérer qu'il en sera de même pour l'acétate de cellulose, si ce corps vient à prendre sa place parmi les matières plastiques.

Explosifs. — Le développement de cette industrie s'est trouvé limité, dans ce pays, par le monopole des poudres, mais la guerre a prouvé que ce n'est pas dans ce domaine que nous pouvons craindre d'être tributaires de nos ennemis.

* *
*

Ce rapide aperçu nous montre que notre industrie chimique pourra vivre sans l'apport de marchandises allemandes, à la condition que la paix nous apporte, avec l'Alsace-Lorraine, les gisements de potasse de Nunenbruch, et, avec le bassin de la Sarre, les houilles indispensables aux fabrications des produits pharmaceutiques et des colorants.

Mais, qu'on ne se le dissimule pas, le résultat ne sera acquis que grâce à un effort persévérant et au prix de beaucoup de travail et d'argent.

On ne crée pas de toute pièce, en quelques mois, des organismes comme les usines de Ludwigshaven ou de Leverkussen, et notre pays sera fatalement tributaire de l'étranger, pendant quelques années, pour différents produits.

De là, la nécessité d'établir ce triple tableau dont nous avons parlé précédemment et qui nous permettra d'accorder à l'Allemagne le tarif intermédiaire pour ceux de ses articles dont nous aurons un besoin absolu, et dans la mesure où elle nous consentira des avantages corrélatifs. De là aussi la nécessité, dans les conventions douanières, de ne pas consolider les chiffres de nos tarifs, de façon à laisser au Parlement la faculté de les relever suivant les nécessités que la lutte économique de demain pourrait faire apparaître.

Et si, basant notre espérance sur l'héroïsme des troupes alliées et sur leur volonté commune de soutenir la lutte jusqu'à l'écrasement définitif du militarisme prussien, nous en venons à envisager l'Allemagne obligée de se soumettre entièrement à la loi de ses vainqueurs, nous pouvons énoncer une série de mesures propres à faciliter à notre industrie la maîtrise rapide de ses fabrications.

Interdire aux empires du centre d'allouer des primes, directes ou indirectes, à leur industrie ; gager une indemnité de guerre sur les revenus des chemins de fer, des houillères ou des mines d'empire ; frapper d'un droit de sortie, au profit des alliés, tous les articles manufacturés en Allemagne et destinés à l'exportation (1) ; obliger nos enne-

(1) F. Roques, Note présentée au Syndicat Général des Produits chimiques (1915).

mis à rendre, en nature, tout le matériel qu'ils ont volé dans nos départements envahis, seraient autant de moyens d'affaiblir la capacité de production et d'exportation de l'industrie allemande, par l'élévation de ses prix de revient.

Nous ne connaîtrions plus alors ces tarifs occasionnels qui sont venus compléter la politique de dumping des cartels, et l'Etat allemand, obligé de payer une redevance à la tonne extraite de ses mines, se verrait contraint d'imposer aux exploitations particulières des prix élevés ou des taxes correspondantes.

En attendant la mise en œuvre de quelqu'une de ces sanctions que justifierait la politique de proie de nos ennemis, il nous appartient de préparer nous-mêmes, dans notre patrie, nos victoires de demain sur le territoire économique.

Réalisons donc, d'une façon définitive, la collaboration des savants et des usiniers ; appliquons, dans nos établissements, les méthodes les plus modernes de fabrication, n'hésitant jamais à remplacer un matériel ancien ou démodé ; coordonnons nos efforts par la fondation de comptoirs de ventes destinés à devenir, non pas une arme de guerre comme les cartels allemands, mais les régulateurs de notre marché intérieur et de nos fabrications d'exportation ; fondons l'Union centrale des industries chimiques qui fera connaître aux pouvoirs publics nos besoins et nos revendications ; obtenons de nos banques et de nos établissements de crédit l'appui et les facilités qu'ils ont parfois accordés à nos concurrents étrangers ; demandons enfin au Parlement de remanier notre législation douanière, de compléter notre législation des marques et des brevets, de créer de nouvelles voies ferrées et de nouveaux canaux, de doter nos grands ports de mer de tous les moyens modernes de déchargement et de chargement rapides, de donner un nouvel essor à notre marine marchande, de solutionner le problème des zones ou des ports francs, de mettre en valeur notre domaine colonial, de réorganiser notre corps consulaire, de renforcer les rouages du ministère du Commerce et de l'Administration des douanes, ne laissons pas en un mot, s'éteindre en nos mains le flambeau sacré de nos énergies nationales !

Paris, mars 1916.

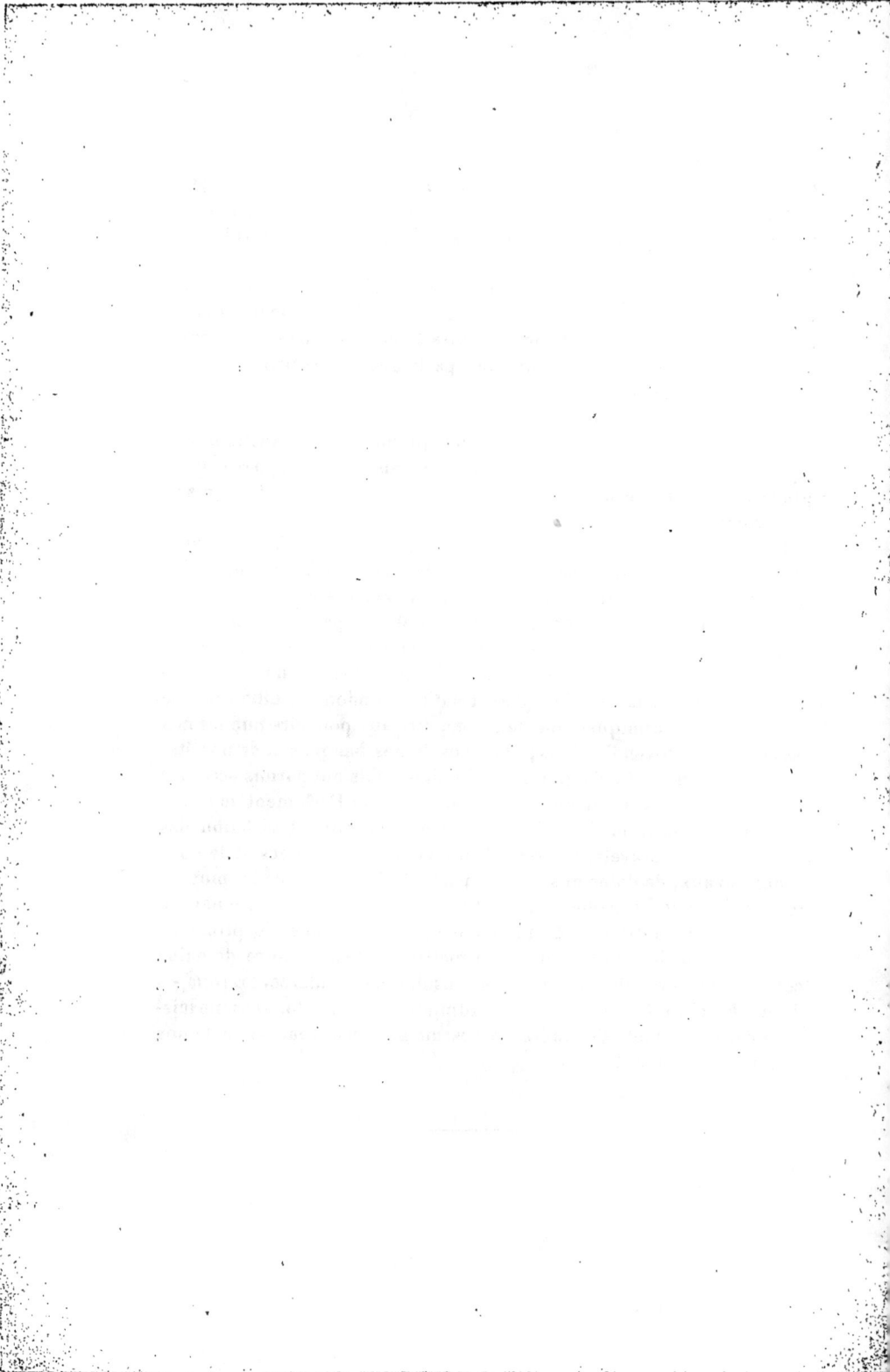

RAPPORT GÉNÉRAL

L'enquête ouverte par le Syndicat Général des Produits chimiques a, comme nous l'avons exposé dans notre introduction, porté sur l'industrie chimique tout entière, divisée en 20 classes, que l'on trouvera ci-dessous avec les noms des rapporteurs :

GRANDE INDUSTRIE CHIMIQUE :
Acides minéraux, chlore et hypochlorites.
Alcalis et carbonates alcalins ;
Cyanures, ferro et ferri-cyanures, etc.
— Syndicat de la grande Industrie chimique, 13, quai Saint Michel, Paris.

PRODUITS CHIMIQUES DIVERS.
— M. Chenal, 22, rue de la Sorbonne, Paris.

ENGRAIS :
Superphosphates ;
Ammoniaque et sels ammoniacaux ;
Azotates de soude et de chaux, etc.
— Syndicat professionnel des Fabricants de Superphosphates, 19, rue Blanche, Paris.

ELECTRO-CHIMIE :
Carbures ;
Aluminium, etc.
— M. Gall, administrateur délégué de la Société d'Electro-Chimie, 2, rue Blanche, Paris.

PRODUITS PHARMACEUTIQUES :
Alcaloïdes, glucosides ;
Produits physiologiques ;
Produits opothérapiques.
— M. Poulenc, 92, rue Vieille du Temple, Paris.
M. Gallois, 11, rue de la Perle, Paris.

PRODUITS PHOTOGRAPHIQUES ET DE LABORATOIRE, Y COMPRIS LES TERRES RARES.
— M. Chenal, 22, rue de la Sorbonne, Paris.

MATIÈRES COLORANTES NATURELLES.
EXTRAITS TINCTORIAUX ET TANNANTS.
— Syndicat des Fabricants d'Extraits tinctoriaux et tannants, 28, rue de Châteaudun, Paris.

MATIÈRES COLORANTES ARTIFICIELLES.

M. Edmond Ruch, 9, Avenue Fournier, Gagny (S.-et-O.).

PRODUITS DE LA DISTILLATION DU BOIS, DES RÉSINES ET DES HUILES MINÉRALES.

M. R. Duchemin, secrétaire de l'Union syndicale des Usines de Carbonisation des Bois de France, 8, rue de Mondovi, Paris.

PRODUITS DE LA DISTILLATION DE LA HOUILLE.

Syndicat professionnel de l'Industrie du Gaz en France, 94, rue Saint-Lazare, Paris.

HUILES ESSENTIELLES ET PARFUMS NATURELS.

Syndicat des Huiles essentielles. M. Baube, vice-président, 19, r. Sainte Croix-de-la-Bretonnerie, Paris.

PARFUMS ARTIFICIELS.

M. de Laire, administrateur délégué des Fabriques de Produits de Chimie organique, 129, quai des Moulineaux, Issy.

Rapporteur général :

M. Freund-Deschamps, 23, avenue Niel, Paris.

COULEURS OU PIGMENTS MINÉRAUX, LAQUES, VERNIS, ENCRES, CIRAGES, etc.

Rapporteurs particuliers :

MM. Georges, Guary-Lorilleux, Levasseur, Rémond.

SAVONNERIE.

M. Michaux, 89, avenue de la République, Aubervilliers.

STÉARINERIE, CIRES.

M. Binoche, 61, rue des Peupliers, Billancourt.

HUILERIE.

MM. G. Lesieur et fils, 59, rue du Rocher, Paris.

COLLES ET GÉLATINES.

MM. Coignet, 114, boulevard Magenta, Paris.

MATIÈRES PLASTIQUES.

Société générale pour la fabrication des Matières plastiques. 67, boulevard Haussmann, Paris.

SOIES ARTIFICIELLES.

Société française de la Viscose, 16, rue du Louvre, Paris.

EXPLOSIFS.

Société générale pour la Fabrication de la Dynamite, 67, boulevard Haussmann, Paris.

Cette division en sections s'imposait pour permettre de confier l'étude du tarif douanier soit à des syndicats, soit à des personnalités particulièrement qualifiées.

Chaque genre d'industrie, en effet, comporte des conditions de travail telles que les techniciens, qui en connaissent les moindres détails, sont seuls qualifiés pour déterminer les mesures de protection à prendre. Si informé que l'on puisse être de l'industrie chimique en général, il est des détails qui vous échappent et que l'étude journalière d'une fabrication particulière est seule capable de révéler.

Il appartenait donc aux spécialistes de déterminer devant la Commission des douanes de notre groupement les conditions de travail *optima* de leur industrie. Le rôle de la Commission, au contraire, consistait, ces conditions une fois posées, à concilier les intérêts divergents qui se présentaient, puisque tel produit fabriqué par les uns est matière première pour les autres.

C'est ainsi, à titre d'exemple général, que l'acide sulfurique ou les carbonates alcalins, qui comptent parmi les plus importants produits fabriqués par la grande industrie chimique, sont utilisés comme matières premières pour la plupart des autres fabrications, aussi bien pour la préparation des produits minéraux que pour celle des produits organiques.

Il nous serait possible de multiplier ces exemples à l'infini, tant il est vrai que la chimie est un cycle fermé où toutes les fabrications sont dépendantes les unes des autres.

C'est ce qui, dans le passé, a rendu si difficile l'étude d'un tarif douanier cohérent et c'est ce qui justifiait l'enquête dont notre Syndicat a pris l'initiative.

Non pas que nous voulions critiquer l'œuvre de 1892, complétée en 1910, mais le système du double tableau, s'il répondait aux besoins à l'époque où il a été créé, ne suffirait plus aujourd'hui.

De nombreuses productions, pour répondre aux besoins de la défense nationale, ont atteint des taux excédant de beaucoup les consommations de paix, si bien que les conditions de travail se trouveront, après la guerre, entièrement modifiées. De là, l'obligation, non seulement de réviser les tarifs eux-mêmes, mais de fixer les bases d'une doctrine douanière répondant aux éléments nouveaux du problème économique national.

C'est la raison pour laquelle nous désirons, sinon développer, du moins préciser, maintenant qu'elles ont reçu l'approbation des représentants des différentes branches de l'industrie chimique, quelques-unes des conditions générales que nous avons posées dans notre introduction. Nous les compléterons par l'examen des questions se rattachant directement au problème douanier et qui ont été soulevées en commission.

Il ne nous restera plus, ensuite, qu'à résumer les travaux des rapporteurs et à les concrétiser en un tableau des anciens droits et des droits nouveaux proposés.

LA DOCTRINE DU SYNDICAT GÉNÉRAL
DES PRODUITS CHIMIQUES

La doctrine du Syndicat Général des Produits chimiques en matière de douanes, telle qu'elle ressort des discussions de sa Commission des douanes, est basée sur les deux propositions suivantes :

A) La protection douanière — si désirable que puisse être, en théorie, le régime de la liberté — s'impose dans un grand pays qui veut être à même de faire face à tous ses besoins industriels ;

B) Cette protection doit être strictement limitée aux nécessités du développement des différentes industries, de façon à ne pas provoquer un élèvement factice du coût de l'existence qui ne manquerait pas d'entraîner, par voie de conséquence, une diminution de vitalité pour l'industrie tout entière.

C'est assez dire que nos travaux ont été conduits avec le désir de présenter aux Pouvoirs Publics des propositions modérées et susceptiblès d'être adoptées sans donner lieu à des polémiques de doctrine (1).

Droits ad valorem ou droits spécifiques.

Ces principes une fois posés, restait à déterminer la forme à donner à la protection douanière.

Adopterait-on le régime des droits *ad valorem*, ou généraliserait-on, au contraire, la méthode des droits spécifiques ?

Les deux tendances ont trouvé leurs tenants.

Les uns ont soutenu la parfaite souplesse des droits *ad valorem* ainsi que le caractère d'équité de l'application d'une taxe variant régulièrement avec la valeur de la marchandise imposée. Aucun produit chimique ne possède une valeur immuable, si bien que tel droit spécifique établi, à juste titre, à une époque où l'article taxé coûtait un prix déterminé est insuffisant ou trop élevé quelques années plus tard. Avec le droit *ad valorem*, rien à craindre de semblable, au contraire, puisqu'il suit pas à pas, comme son nom l'indique, les variations de prix des marchandises importées.

Quoi de plus facile aussi, pour les importateurs, que de connaître les droits qu'ils auront à payer ? Plus de dictionnaires de douanes à feuilleter, plus qu'une simple règle de trois à poser !

Malheureusement, cette simplicité d'application des droits *ad valorem* est plus apparente que réelle et d'autres ont rappelé les fraudes multiples auxquelles donne lieu ce mode de taxation : fausses déclarations d'origine, fausses déclarations de valeurs, par établissement de doubles factures, l'une opposable à la douane et l'autre à l'acheteur, etc.

Les partisans des droits spécifiques ont également soutenu que la taxation par nature de produits facilite les statistiques, dont l'importance pour l'industrie et le commerce d'un pays est primordiale.

Finalement, les deux partis ont été mis d'accord par le désir exprimé par les Pouvoirs Publics de voir développer les droits spécifiques en

---

(1) Ces deux principes nous ont paru d'autant plus nécessaires à préciser que l'étude d'un tarif douanier, entreprise à l'époque tragique où nous vivons, devait fatalement être dominée par le désir de dresser contre nos ennemis une barrière absolue, ce qui aurait pu entraîner une exagération des taxes proposées. Ils ont donc été le frein indispensable toutes les fois que nous aurions été tentés de ne voir seulement dans l'enquête ouverte qu'une manœuvre de guerre contre les Empires du centre, destinée à prolonger la lutte militaire par une guerre économique.

faisant passer dans cette catégorie le plus grand nombre possible de produits non dénommés. L'Administration des douanes a même établi, à ce sujet, une statistique, par nature de produits, des corps non dénommés soumis actuellement au droit *ad valorem* et dont l'examen peut aider à l'installation, dans ce pays, de nombreuses fabrications nouvelles.

L'accord, une fois réalisé, restait à déterminer les bases d'application des droits spécifiques. Nous nous trouvions alors en face des trois solutions dont nous avons parlé dans notre introduction :

a) Le maintien pur et simple du système du double tableau ;

b) Le retour aux traités de commerce avec tarifs annexés ;

c) Le système mixte du double tableau et des conventions de réciprocité.

La Commission s'est unanimement prononcée pour la dernière solution, complétée par l'adoption d'un troisième tableau, intermédiaire entre les tarifs général et minimum.

Il lui a paru que le premier résultat à obtenir était la maîtrise absolue de notre tarif. Or, cette maîtrise ne peut être réalisée que si l'on écarte, définitivement, les traités de commerce avec tarifs annexés, comportant la consolidation des chiffres, et cela, quelle que soit leur durée. L'industrie chimique, plus que toute autre, est, en effet, en perpétuelle voie de perfectionnement, soit qu'il s'agisse de la transformation des procédés de fabrication des produits anciens, soit qu'apparaissent sur le marché des corps nouveaux. Il en résulte qu'un droit soigneusement établi aujourd'hui peut, quelques mois plus tard, être trop réduit ou trop élevé ?

De là, la nécessité, pour un pays soucieux de défendre ses industries contre la concurrence étrangère, de ne concéder, par voie de conventions commerciales, que l'application d'un de ses tableaux sans en consolider les chiffres.

Autrement dit, les chiffres des tableaux doivent être révisables d'année en année et le Parlement, quelles que soient les conventions passées avec les pays étrangers, doit se réserver le droit de les modifier suivant les besoins de son commerce. *Le bénéfice de tel tableau est garanti à tel pays, mais les chiffres du tableau envisagé ne valent que pour un an.*

C'est, en un mot, le maintien de la situation actuelle, mais complété par l'adoption d'un troisième tableau.

La Commission, en effet, a été naturellement amenée, pour donner plus de souplesse au régime de 1892, à prévoir l'allocation, aux nations qui accorderont des avantages à notre commerce, de concessions corrélatives et vraiment proportionnées à ces avantages eux-mêmes.

Deux tableaux (même avec la suppression de la clause de la nation la plus favorisée dont nous parlerons plus loin) conduiront toujours à appliquer, pour certains produits, notre tarif minimum aux nations qui favoriseront notre commerce, même quand leurs concessions ne seront que relatives. La monnaie d'échange ainsi constituée n'est pas assez divisée. Avec un troisième tarif, au contraire, les avantages accordés à l'étranger pourront être réellement proportionnés aux satisfactions qu'il accordera à nos producteurs ; telle nation qui n'abaissera son tarif douanier que pour quelques articles français n'obtiendra, en contre-partie, l'inscription de certaines de ces fabrications qu'au tarif intermédiaire ; telle autre, au contraire, qui facilitera réellement notre exportation bénéficiera, par voie de réciprocité, de l'application de nos droits minima.

Le taux du tarif intermédiaire n'a pas été fixé par la Commission pour tous les produits.

Seules, certaines industries, comme celle des matières colorantes, où la difficulté des classifications rend toute modification ultérieure du tarif dangereuse ou particulièrement difficile, ont eu intérêt à déterminer les chiffres des trois tableaux. Pour les autres branches de l'industrie chimique, la Commission des douanes du Syndicat a laissé le soin aux Pouvoirs Publics de négocier au mieux la fixation des droits du tarif intermédiaire, *en exprimant le désir, toutefois, de voir interroger les intéressés, le jour où les tractations seront engagées.*

Les chiffres du tarif intermédiaire pourraient être établis, soit par l'adoption de chiffres absolus, soit par l'abandon de 10, 15 ou 20 0/0 sur les droits fixés au tarif général.

Cette seconde méthode aurait le grand avantage d'éviter des négociations nouvelles avec les nations bénéficiant du tarif intermédiaire le jour où les droits du tarif général viendraient à être modifiés.

La Commission, sauf de rares exceptions, ne fait donc de propositions que pour le tarif minimum et le tarif général, mais en précisant que *les chiffres du premier de ces tarifs devront être considérés comme la protection minima nécessaire aux différentes industries chimiques.*

C'est ainsi que, s'il y a lieu d'établir un tarif préférentiel en faveur des alliés, ce sont les chiffres du tarif minimum proposé qui devront être adoptés. Le tarif intermédiaire deviendrait alors le tarif minimum applicable aux autres nations ne bénéficiant pas d'une situation privilégiée.

Nous répéterons enfin que les chiffres des tarifs devraient, comme aujourd'hui, n'être consolidés que pour une année, de façon à permettre leur révision le jour où toutes les conséquences économiques de la guerre auront pu être déterminées exactement et où les marchés seront stabilisés.

La clause de la nation la plus favorisée.

Faut-il maintenir la clause de la nation la plus favorisée, faut-il la supprimer? C'est là un des problèmes qui ont fait l'objet des délibérations de la Commission.

Il a été dit beaucoup de mal du régime « du traitement réciproque sur le pied de la nation la plus favorisée ». Beaucoup, oubliant que, lors du Traité de Francfort, cette clause de l'article 11 avait été réclamée par les plénipotentiaires français, lui ont attribué une influence prépondérante dans le peu de développement de l'industrie française comparée à l'industrie allemande. Et cependant, comme nous l'avons montré dans notre introduction, elle a rendu des services jusqu'au jour où l'Allemagne est entrée dans la voie des spécialisations à outrance.

Elle présente un caractère de simplicité qui plaît aux cerveaux latins et qui se concilie avec le système, si facilement applicable, du double tableau.

Concéder le bénéfice du tarif minimum à une nation, lorsqu'on ne possède que deux tarifs, n'est-ce pas lui accorder les avantages de la nation la plus favorisée, même quand les conventions commerciales sont révocables annuellement?

Avec le triple tableau, la situation est tout autre. Les éléments de tractation sont plus nombreux. C'est ainsi qu'une nation peut bénéficier du tarif minimum pour certains produits et seulement du tarif intermédiaire ou général pour d'autres.

Dans ce cas, l'allocation de la clause de la nation la plus favorisée deviendrait une entrave aux négociations.

Au surplus, son application, qui s'expliquait à une époque où les échanges internationaux ne bénéficiaient pas des facilités et des rapidités de transport que nous connaissons à notre époque, est dangereuse aujourd'hui que les conditions de production et de consommation se modifient constamment et sont essentiellement variables d'un pays à un autre.

Si l'on désire obtenir la maîtrise absolue de son tarif, il faut donc éviter de se lier les mains et se prononcer résolument pour la suppression définitive de la clause de la nation la plus favorisée. C'est le vœu qu'a émis la Commission.

Les droits ad valorem.

Chaque industrie a fixé, dans son rapport particulier, les chiffres des droits spécifiques du tarif, mais, pour les raisons que nous avons énumérées dans notre introduction, les différents rapporteurs ont, pour la plupart, complété leurs demandes par celle de l'élévation du droit de 5 0/0 frappant actuellement les produits non dénommés.

Il a donc semblé à la Commission qu'il était nécessaire d'unifier ces propositions au chiffre de 15 0/0 qui, en 1910, a été adopté pour les produits susceptibles d'être employés comme parfums synthétiques.

Elle préconise donc :

a) La fixation à 15 0/0 *ad valorem* du droit sur les produits non dénommés au tarif minimum ;

b) La fixation à 30 0/0 *ad valorem* du même droit au tarif général.

Cet écart de 100 0/0 entre les deux tarifs facilitera l'établissement, s'il y a lieu, d'un taux intermédiaire des droits *ad valorem* correspondant au troisième tableau des droits spécifiques.

Il devrait enfin être entendu que l'application du droit *ad valorem* serait momentanée et qu'elle serait remplacée par un droit spécifique sur la simple demande des intéressés français, la quotité du nouveau droit devant alors être fixée par le Comité consultatif des Arts et Manufactures.

Les déclarations en douanes.

La saisie en douanes, au moment de la déclaration de la guerre, de nombreux produits des pays ennemis a révélé l'existence de fausses déclarations qui auraient sans doute échappé, en temps normal, à la vigilance des agents.

La multiplicité des importations, en effet, comme la complexité toujours plus grande d'une nomenclature commerciale qui excelle à baptiser le même corps de noms variés rend le rôle des vérificateurs des plus difficiles.

Si l'on ajoute à cette difficulté d'ordre permanent les efforts que feront, après la guerre, les nations payant à l'entrée en France le tarif maximum, pour faire passer leurs marchandises par un pays bénéficiant à nos frontières du tarif minimum, on conçoit la complexité des problèmes qui se poseront chaque jour devant les agents de l'Administration des douanes.

La Commission voit, comme triple remède à cette situation :

a) Le perfectionnement des rouages de l'Administration générale des douanes ;

b) La création de pénalités sévères frappant les fausses déclarations tant au point de vue de la nature que de l'origine des marchandises importées ;

c) L'obligation, pour l'importateur, de déclarer la composition chimique des articles importés.

Le développement que nous avons donné, dans notre introduction, aux deux premiers de ces remèdes, nous dispense d'insister à nouveau, ici, à leur sujet. Notons simplement en ce qui concerne le troisième que la déclaration de la composition chimique des articles importés s'imposera surtout pour les matières colorantes, où l'on a souvent désigné le même produit sous les noms les plus divers.

Cette déclaration, à la condition d'être soigneusement contrôlée par les laboratoires de la Douane, assainira le marché des produits chimiques. Elle facilitera, en outre, les poursuites contre les fausses déclarations, en permettant d'écarter l'argument de bonne foi que ne manquent pas d'invoquer les importateurs, introduisant au bénéfice du droit *ad valorem* des produits dont le nom de fantaisie n'a qu'un but : leur éviter l'application d'un droit spécifique élevé.

Admission temporaire, drawbacks, zones et ports francs.

Certains des rapporteurs, dont nous analyserons plus loin les mémoires, ont examiné l'état de leur industrie, par comparaison avec les industries similaires de l'étranger. Cette méthode a le double avantage de déterminer exactement l'importance relative d'une industrie et de fixer ses possibilités au point de vue du commerce d'exportation. Elle fait, une fois de plus, toucher du doigt l'importance qu'il y a, tout en établissant une protection douanière réellement efficace, à ne pas rendre impossible l'accession aux marchés d'exportation aux industries qui emploient, comme matière première, les produits protégés.

De là l'obligation d'étendre, surtout pour les articles que la France ne produit pas en quantités suffisantes, le principe de l'admission temporaire et des drawbacks, et de créer des zones et ports francs.

La Commission a été unanime à ce sujet et a exprimé le vœu que soient adoptées, dans cet ordre d'idées, toutes les mesures qui permettront enfin à notre industrie d'employer en franchise totale de droits, aussi bien les matières premières exotiques que les produits que notre Patrie ne fabrique pas en quantités suffisantes. Ce jour-là, et ce jour-là seulement, elle sera à même d'aborder la conquête des marchés étrangers avec chance de succès.

C'est ainsi qu'il serait nécessaire que l'admission temporaire puisse être concédée par décret au lieu de dépendre, comme aujourd'hui, d'un vote du Parlement, vote qu'il est parfois long ou difficile d'obtenir.

L'article 3 de la loi du 29 mars 1910.

La Commission a fait sienne la proposition que nous lui avons faite de demander le maintien, *et surtout l'application*, de l'article de la loi douanière qui permet au gouvernement d'établir, par décret, sur les marchandises taxées ou non, qui bénéficient dans leur pays d'origine ou de provenance d'une prime directe ou indirecte à l'exportation, un droit compensateur égal au montant de cette prime.

C'est, en effet, comme nous l'avons dit précédemment, la seule manière de combattre la politique du dumping, si l'on ne veut pas en arriver, sur les marchés d'exportation, au système ruineux des contre-primes.

Y a-t-il lieu d'établir un tarif spécial pour la période à courir entre la signature de la paix et l'établissement de nouvelles conventions commerciales ?

La Commission a délibéré sur le projet dont M. le député Chanal a saisi la Commission des douanes de la Chambre des députés et qui consistait, pour la période à courir entre la signature de la paix et l'établissement des nouvelles conventions commerciales, à remplacer les droits spécifiques par des droits *ad valorem*.

La thèse de l'honorable député était basée sur le fait que les hausses qui se sont révélées sur un grand nombre de produits se maintiendront longtemps après la fin des hostilités et que, par conséquent, les droits spécifiques inscrits à nos tarifs « ne seront plus, pour l'après-guerre, les droits efficacement protecteurs que notre production nationale réclame avec insistance ».

Deux objections ont été faites à ce raisonnement, basées, l'une sur l'intensité de production, dans notre pays, d'un grand nombre de fabrications comptant parmi les plus importantes de l'industrie chimique, l'autre sur la concentration industrielle allemande.

C'est ainsi qu'on a fait observer que les besoins de la défense nationale ont porté un grand nombre de fabrications à une productivité qui dépassera de beaucoup les besoins de l'après-guerre et qu'il doit en résulter, dès la fin des hostilités, et à l'heure où l'Administration militaire cessera ses achats, un abaissement rapide et important des cours.

Dans ce cas, l'établissement d'un droit *ad valorem* proposé par M. le député Chanal risquerait de ne plus être aussi efficace que les droits spécifiques actuels.

La situation serait la même si certains industriels allemands, qui se sont groupés pour la conquête des marchés d'exportation (la Badische Aniline, Meister Lucius, F. Bayer, Casella, etc., par exemple) utilisaient leurs formidables réserves pour, au lendemain des hostilités, inonder le marché français de marchandises vendues à vil prix, ou même à perte, dans le but d'empêcher le développement de nos fabrications.

Il est évident, en effet, que, dans ce cas encore, l'application du tarif *ad valorem* opposerait aux produits allemands une barrière souvent inférieure à celle constituée par les droits spécifiques.

Est-ce à dire qu'il faille repousser le projet de M. le député Chanal ? La Commission ne l'a pas pensé. Elle a estimé, au contraire, qu'il pourrait, dans de nombreux cas d'espèces, rendre de sérieux services à l'industrie chimique, mais à la condition d'être amendé de telle sorte que les exceptions dont nous venons de parler ne mettent pas certaines productions françaises en danger.

Elle s'est donc finalement ralliée à la formule suivante :

1° Adjonction, aux tarifs spécifiques actuels, d'un droit *ad valorem* supplémentaire de 10 0/0.

2° Remplacement du droit *ad valorem* actuel sur les produits non dénommés par un droit fixé, au tarif minimum, à 40 0/0 de la valeur des produits importés.

Grâce à cette mesure, on aurait moins à craindre de voir fausser le marché français par des ventes de marchandises étrangères à vil prix.

L'application de ces droits, cependant, devrait être limitée à la pé-

riode comprise entre la signature de la paix et l'établissement des nouvelles conventions douanières dont le Syndicat général des Produits
chimiques a cherché à jeter les bases par son enquête.

Du rôle du change dans ses rapports avec la perception des droits de douanes.

La Commission a été saisie par M. Schreiner, de la maison Durand
et Huguenin, du problème de l'influence du change sur la perception
des droits de douanes.

M. Schreiner, dans une note détaillée qu'on trouvera en annexe à notre
rapport, démontre que, pour certaines exportations, la dépression du
change allemand, loin d'être une charge pour nos concurrents, serait
un avantage susceptible de compenser les droits de douanes établis à
nos frontières pour la défense de notre industrie.

A première vue, ce fait peut surprendre, car il est d'usage de con-
sidérer un pays dont les finances sont avariées comme peu dangereux
sur le terrain de la concurrence économique.

Et cependant, les exemples donnés par M. Schreiner sont péremp-
toires. Choisissons-en un parmi les matières colorantes, pour lesquelles
le droit d'avant guerre était de 1 franc et qui, si les propositions de
votre Commission sont acceptées, serait, après la paix, protégé par
une taxe de 3 francs, taxe considérée, en général, comme suffisante.

Supposons que les Allemands vendaient, avant le mois d'août 1914,
ce colorant 25 francs le kilo. Pour cette matière, ils payaient, à l'ancien tarif douanier, un droit de douane de 1 franc et retiraient ainsi
de leur vente une somme de 24 francs, soit, au cours normal de 1 fr. 25
pour le mark, de 19 mks 20.

Cette somme de 19 mks 20 leur suffisait donc pour couvrir la dé-
pense de leurs matières premières, frais de fabrication, frais généraux,
main-d'œuvre, etc., et leur permettait de réaliser un bénéfice.

Quelle serait, après la guerre, la situation du même industriel allemand, avec le droit de douane triplé et une perte au change du mark
de 30 0/0?

Le calcul suivant va nous le montrer :

Prix de vente de 1 kilo de matière colorante.	25 fr.
Nouveau droit de douanes 3 francs au lieu de 1 franc. .	3 »
Encaissement du fabricant allemand	22 »
Soit en marks, avec une perte au change de 30 0/0 . .	25 m. 15

On voit donc que, malgré le triplement du droit de douane, l'industriel allemand encaisserait 25 mks 15 après la guerre, alors qu'il n'encaissait avant que 19 mks 20, soit un encaissement supplémentaire de 5 mks 95, représentant plus de 20 0/0 de la valeur du produit importé.

Non seulement le droit de douane nouveau serait alors neutralisé par la dépréciation du mark allemand, mais nos concurrents réaliseraient un bénéfice supplémentaire.

Et cette situation sera vraie toutes les fois qu'il s'agira de produits dont les matières premières existent en Allemagne et pour lesquelles l'industriel allemand ne sera pas obligé d'importer, c'est-à-dire de subir la perte au change au lieu d'en bénéficier Bien plus, elle pourra même se révéler toutes les fois où l'importation de matières premières en Allemagne sera, en valeur, sensiblement inférieure au coût du produit que ces matières serviront à fabriquer. L'industriel allemand, en effet, bénéficiera de la différence entre la perte au change sur le montant de ses achats à l'étranger et le bénéfice au change sur la valeur de son exportation.

C'est un danger d'autant plus sérieux que la dépréciation de la monnaie allemande n'aura pas pour cause un déficit de la balance commerciale, c'est-à-dire d'un excédent des importations sur les exportations correspondant à une faible capacité productive. Elle proviendra, au contraire, de l'excès de circulation fiduciaire auquel nos ennemis ont été amenés pour faire face à leurs dépenses de guerre et aux réparations de dommages auxquelles, nous en sommes convaincu, ils seront contraints.

Cette situation incitera le gouvernement allemand à pousser les industriels dans la voie d'une exportation dont nos fabricants feront les frais si l'on n'y prend garde et qui sera d'autant plus redoutable que le change allemand sera plus bas.

La Commission, après étude de la question, n'a pas cru devoir adopter une formule définitive. Elle a simplement, en présence de la complexité du problème, émis le vœu que les Pouvoirs Publics soient mis en mesure d'élever proportionnellement les droits de douanes toutes les fois que le change du pays importateur tombera au-dessous du pair et cela pour des variations du change de 5 en 5 0/0.

CONCLUSIONS

Nous en avons terminé des questions générales examinées par votre Commission des douanes.

L'étude complète du régime douanier soulèverait bien d'autres problèmes, mais la Commission, désireuse surtout d'arriver rapidement à des propositions concrètes, a pensé qu'il ne lui appartenait pas de les aborder tous. Elle n'a voulu, pour employer une expression récente, qu'en fixer les directives, laissant au Parlement le soin de leur donner une forme législative.

C'est la raison pour laquelle nous sommes dès maintenant en nature de soumettre à votre approbation, en terminant, l'ordre du jour suivant :

Le Syndicat général des Produits Chimiques, après avoir entendu le résumé des travaux de sa Commission des douanes.

Emet le vœu que le Parlement :

1° Crée un régime intermédiaire pour la période à courir entre la signature de la paix et l'établissement des nouvelles conventions douanières ; en cumulant avec les droits spécifiques actuels un droit *ad valorem* de 10 0/0 et en portant à 40 0/0 le droit sur les produits non dénommés ;

2° Adopte un tarif à triple tableau comportant :

a) Un tarif maximum ;

b) Un tarif intermédiaire ;

c) Un tarif minimum au-dessous duquel aucune concession ne pourra être consentie ;

3° Limite à une année la consolidation des chiffres des différents tableaux ;

4° Fixe à 15 0/0 au tarif minimum et à 30 0/0 au tarif général les droits *ad valorem* sur les produits non dénommés ;

5° Autorise la transformation, par le Comité consultatif des Arts et Manufactures, des droits *ad valorem* en droits spécifiques à la demande d'un groupement d'industriels français ;

6° Supprime définitivement la clause de la nation la plus favorisée ;

7° Maintienne l'article 9 de la loi du 29 mars 1910 relatif au droit compensateur ;

8° Etende le principe de l'admission temporaire et du drawback ;

9° Oblige l'importateur à la déclaration de la composition chimique des articles importés ;

10° Applique des pénalités sévères aux fausses déclarations portant sur la nature et l'origine des marchandises ;

11° Etablisse une formule permettant l'élévation des droits de douanes proportionnellement aux variations du change des pays importateurs ;

12° Perfectionne les rouages de l'Administration des douanes.

Noembre 1916.

Imp. J. Thevenot, Saint-Dizier (Haute-Marne).

www.ingramcontent.com/pod-product-compliance
Lightning Source LLC
Chambersburg PA
CBHW050529210326
41520CB00012B/2505